Liebe Leserinnen, liebe Leser!

„Der Himmel ist sichtbar für jeden."
Lettisches Sprichwort

Shoppen im stylischen Einkaufszentrum in Tallinn, Abtanzen in einem trendigen Club in Riga, Skaten in Vilnius – das ist längst Alltag im Baltikum. Die drei baltischen Länder Estland, Lettland und Litauen, die seit 2004 zur Europäischen Union gehören und alle den Euro eingeführt haben (als letztes Land kam 2015 Litauen hinzu), haben bei aller Unterschiedlichkeit eines gemeinsam: Alle drei haben seit ihrer Unabhängigkeit eine atemberaubende Entwicklung hingelegt – zumindest in ihren großen Städten.

Angekommen im Westen

Die baltischen Hauptstädte sind modern und bergen zugleich Schätze ihrer Vergangenheit. Vilnius hat eine herrliche Altstadt, die man schlicht als Gesamtkunstwerk bezeichnen kann, Riga stellt mit seinen überbordenden Jugendstilbauten sogar Wien in den Schatten, und in Tallinn schlendert man durch mittelalterliche Gassen, hinter deren schönen Fassaden charmanter Lifestyle eingezogen ist. Die UNESCO hat in allen Städten ihre Welterbetitel verteilt, Riga war 2014 europäische Kulturhauptstadt, und die Besucher kamen und kommen zuhauf.

Europas Mitte

Aber natürlich sind hier in der Mitte Europas – tatsächlich: Europas geografischer Mittelpunkt liegt in Litauen! – auch wunderbare Landschaften zu finden. Alle drei Länder sind dünn besiedelt, und Landleben und Natur spielen im Baltikum letztlich die Hauptrolle. Und natürlich Wasser: Herrliche Küsten, Seen und Flüsse – sowie die Kurische Nehrung – sind für viele Naturliebhaber Traumziele. Inmitten schönster Landschaften finden sich noch alte Gutshöfe, Architekturdenkmäler des 18. und 19. Jahrhunderts. Nur wenige haben die politischen Wirren des 20. Jahrhunderts überstanden, einige wurden restauriert, ein paar sind zu Hotels umgewandelt worden, wie Sie auf S. 78 und S. 18 lesen können. Wohlfühlen wird in den traditionsreichen Kurorten großgeschrieben: Wellness vom Feinsten in altehrwürdigem Ambiente. Die besten Adressen verraten wir in der Rubrik „Unsere Favoriten" auf S. 44. Sie merken schon: Man sollte es nicht beim Lesen belassen – eine Reise ins Baltikum ist verlockend!

Herzlich

Ihre

Birgit Borowski
Programmleiterin DuMont Bildatlas

*Für den renommierten Fotografen **Peter Hirth** aus Leipzig und Riga ist Osteuropa eine zweite Heimat. Bei seiner Fototour durch die baltischen Länder hat sich ihm manche verborgene Ecke erschlossen.*

*Der Reisejournalist **Christian Nowak** lebt in Berlin. Nach ungezählten Reisen durch Nordeuropa fühlt er sich mittlerweile auch im Baltikum heimisch.*

92 Bernstein gehört zu den beliebtesten Souvenirs aus den baltischen Ländern. In allen Formen, Farben und Größen wird er angeboten.

Impressionen

8 Unberührte Natur, mittelalterliche Städte, wundervolle Strände und ein Volk, das sich seiner Wurzeln bewusst ist – herzlich willkommen im Baltikum!

Tallinn

20 **Neuer Wind in alten Gassen**
Die „Festung der Dänen" setzt auf Modernisierung und lockt damit Scharen von Bewunderern an.

30 **Cityplan**
31 **Infos & Empfehlungen**

Estland

34 **Von rauer, schlichter Schönheit**
Die Natur ist Trumpf, ob auf der Ostseeinsel Saaremaa, im Laheema-Nationalpark oder in den Parks der Gutshöfe.

46 **Straßenkarte**
47 **Infos & Empfehlungen**

Riga

50 **Das Paris des Ostens**
Ihre bittere Vergangenheit konnte der „Hauptstadt des Baltikums" nichts anhaben: Stolz wie eh und je blickt diese urbane Perle in die Zukunft.

50 Multitalent Riga: Diese Stadt hat einfach alles – lebendige Hanse-Traditionen, eine idyllische Altstadt und ein angesagtes Nachtleben.

78 Geschichtsträchtige Mauern: Es ist ein hartes Stück Arbeit, die historischen Gutshöfe wieder aufzubauen.

DUMONT THEMA
60 **Stadt der schönen Fassaden**
In Rigas Straßen ziehen zahlreiche Jugendstilbauten die Blicke auf sich.

64 **Cityplan**
65 **Infos & Empfehlungen**

UNSERE FAVORITEN

BEST OF ...

18 **Die schönsten Plätze zum Übernachten**
Wie man sich bettet, so ruht man: Wer würde nicht gern mal in einem ehemaligen Schloss oder Herrenhaus logieren?

28 **Die typischsten Leckereien**
Das typische Essen im Baltikum ist einfach, kräftig und herzhaft. Hinzu kommen süße Köstlichkeiten und Hochprozentiges ...

44 **Rundum wohlfühlen**
Im gesamten Baltikum wird Wellness großgeschrieben. Wir zeigen Ihnen die besten Orte für ein Rundum-Wohlfühlprogramm.

100 Litauen mit seinem Meeresklima, den verschiedenen Sanatorien und den zahlreichen Möglichkeiten, die wundervolle Natur aktiv zu erleben, ist Balsam für Körper und Seele.

DUMONT THEMA
110 **Russische Impressionen**
Wer ein Visum hat, kann im Kaliningrader Gebiet echte Schätze entdecken.

112 **Straßenkarte**
113 **Infos & Empfehlungen**

Lettland

68 **Wo der Schöngeist wohnt**
Von Blumen bis zu „Dainas“ – die Letten lieben die schönen Dinge des Lebens.

DUMONT THEMA
78 **Vom (feudalen) Leben auf dem Lande**
Lange verkannte Schätze: die Gutshöfe des deutschbaltischen Adels

80 **Straßenkarte**
81 **Infos & Empfehlungen**

Vilnius

84 **Altstadt als Gesamtkunstwerk**
Spätbarock, Renaissance, Klassizismus und Moderne: In der facettenreichen Stadt vermischen sich die Stile.

DUMONT THEMA
92 **Das baltische Gold**
Die Verarbeitung von Bernstein hat eine lange Tradition im Baltikum.

96 **Cityplan**
97 **Infos & Empfehlungen**

Litauen

100 **Tiefe Wälder, feiner Sand**
Die Kurische Nehrung ist der unumstrittene Star, doch Litauen hat noch mehr zu bieten, etwa den Mittelpunkt Europas.

Anhang

116 **Service – Daten und Fakten**
121 **Register, Impressum**
122 **Lieferbare Ausgaben**

DuMont Aktiv

Genießen Erleben Erfahren

33 **Im Kajak um die Stadt**
Bei einer Tour entlang der Küste der Tallinner Bucht erlebt man die estnische Hauptstadt aus einer ganz anderen Perspektive.

49 **Radfahren auf Hiiumaa**
Wälder, Strände, Leuchttürme: Eine küstennahe Ringstraße erschließt die Insel für Radler.

67 **Auf grünen Pfaden**
An den Ufern des fast die gesamte Rigaer Altstadt umschließenden Schlosskanals spazieren zu gehen ist ein ganz eigenes Vergnügen.

83 **Park der tausend Möglichkeiten**
Wassersportler, Radfahrer und Wanderer sowie alle anderen, die die Natur lieben, sind im Gauja-Nationalpark genau richtig.

99 **Unabhängig und frei**
In der Republik Užupis lautet das Motto: „Jeder hat das Recht, glücklich zu sein!“

115 **Rauf auf den Drahtesel ...**
... und ab durchs Memelland und die Kurische Nehrung, eine der schönsten, zum UNESCO-Welterbe zählenden Küstenlandschaften Europas!

Maßstab 1:3.500.000
0
60 km
Estland 34 – 49
Tallinn 20 – 33
Lettland 68 – 83
Riga 50 – 67
Vilnius 84 – 99
Litauen 100 – 115
1
2
3
4
5
6
7
8
9
10
11
FINLAND
SVERIGE
EESTI
LATVIJA
LIETUVA
LITHUANIA
ROSSIJA
BELARUS
POLSKA
Baltic Sea
Gulf of Finland
Liivi Laht
Rigas licis
HELSINKI
HELSINGFORS
STOCKHOLM
TALLINN
S.-PETERBURG
PSKOV
RIGA
KAUNAS
VILNIUS
MINSK
KALININGRAD
KLAIPĖDA
LIEPĀJA
DAUGAVPILS
ŠIAULIAI
PANEVĖŽYS
HRODNA
BIAŁYSTOK
OLSZTYN
ELBLĄG
BARANAVIČY
BARYSAV
Gotland
Saaremaa s.
Hiiumaa s.
+1h Gr.Time
+2h Gr.Time
Struve Geodetic Arc

Topziele

Die bedeutendsten Sehenswürdigkeiten im Baltikum sowie Erlebnisse, die Sie keinesfalls versäumen dürfen, haben wir hier für Sie zusammengestellt. Auf den Infoseiten ist das jeweilige Highlight als **TOPZIEL** *gekennzeichnet.*

NATUR

1 Lahemaa-Nationalpark: Wandern und Tiere beobachten in unberührter Natur. **Seite 47**

2 Kurische Nehrung: Dieses Schauspiel aus Wasser, Sand und Wald ist absolut einzigartig. **Seite 113**

7 Schloss Rundāle: Hier vereinen sich italienisches Flair und französischer Stil. **Seite 82**

8 St. Annen in Vilnius: Diese Kirche wurde aus 33 verschiedenen Ziegelarten erbaut und hat schon Napoleon begeistert. **Seite 97**

KULTUR

3 Domkirche in Tallinn: Die Domkirche birgt anschauliche Zeugnisse der Geschichte des Adels. **Seite 31**

4 Hermannsfeste in Narva: Am Fluss in der Grenzstadt stehen sich mächtige Festungen gegenüber. **Seite 47**

5 Schwarzhäupterhaus in Riga: Das wiedererrichtete Gebäude ist ein Symbol für den Stolz der Hauptstadt. **Seite 65**

6 Dom St. Marien in Riga: Mit dem Bau des ältesten Domes im Baltikum wurde 1211 begonnen. **Seite 66**

ERLEBEN

9 Rathausplatz in Tallinn: Von hier aus lässt sich ein herrlicher Spaziergang durch die Altstadt machen. **Seite 32**

10 Universität in Vilnius: Die älteste Universität des Nordostens bildet einen eigenen kleinen Stadtteil. **Seite 97**

11 Backsteinburg Trakai: Die Festung liegt inmitten einer herrlichen Seenlandschaft. **Seite 115**

So weit die Flüsse tragen

Üppige Niedermoorwiesen und Fischerdörfer prägen das weite Delta der Memel. Dieser südlich von Minsk in Weißrussland entspringende, über das Kurische Haff in die Ostsee mündende Strom durchfließt ganz Litauen, wo er „Nemunas“ genannt wird. Das malerische Haffdorf Minija (deutsch: *Mingė*) trägt den Beinamen „litauisches Venedig“, weil das fließende Gewässer hier quasi als Hauptstraße dient und die Einwohner mehr mit dem Boot als mit dem Auto unterwegs sind.

Prächtiges Panorama

Von der Skybar des 22 Stockwerke hohen Hotels Radisson blu Lietuva hat man einen herrlichen Blick auf das zum Welterbe der UNESCO zählende historische Zentrum der litauischen Hauptstadt Vilnius.

Hoch zu Ross am weiten Strand

Ein Paradebeispiel für einen Strand wie aus dem Bilderbuch ist die Kurische Nehrung in Litauen. Doch auch die beiden anderen baltischen Länder bieten herrliche Strände, an deren vielfach menschenleeren Abschnitten man schöne Ausritte unternehmen kann wie hier an der lettischen Gauja-Mündung.

Urbane Pracht in der Altstadt

Die zum Welterbe der UNESCO zählende Altstadt von Riga gehört zu den schönsten mittelalterlichen Stadtensembles Europas. Auf dem Rathausplatz der lettischen Hauptstadt befindet sich das hier stimmungsvoll illuminierte Schwarzhäupterhaus, benannt nach einer Bruderschaft unverheirateter Kaufleute in den Hansestädten des Baltikums, den Schwarzhäuptern.

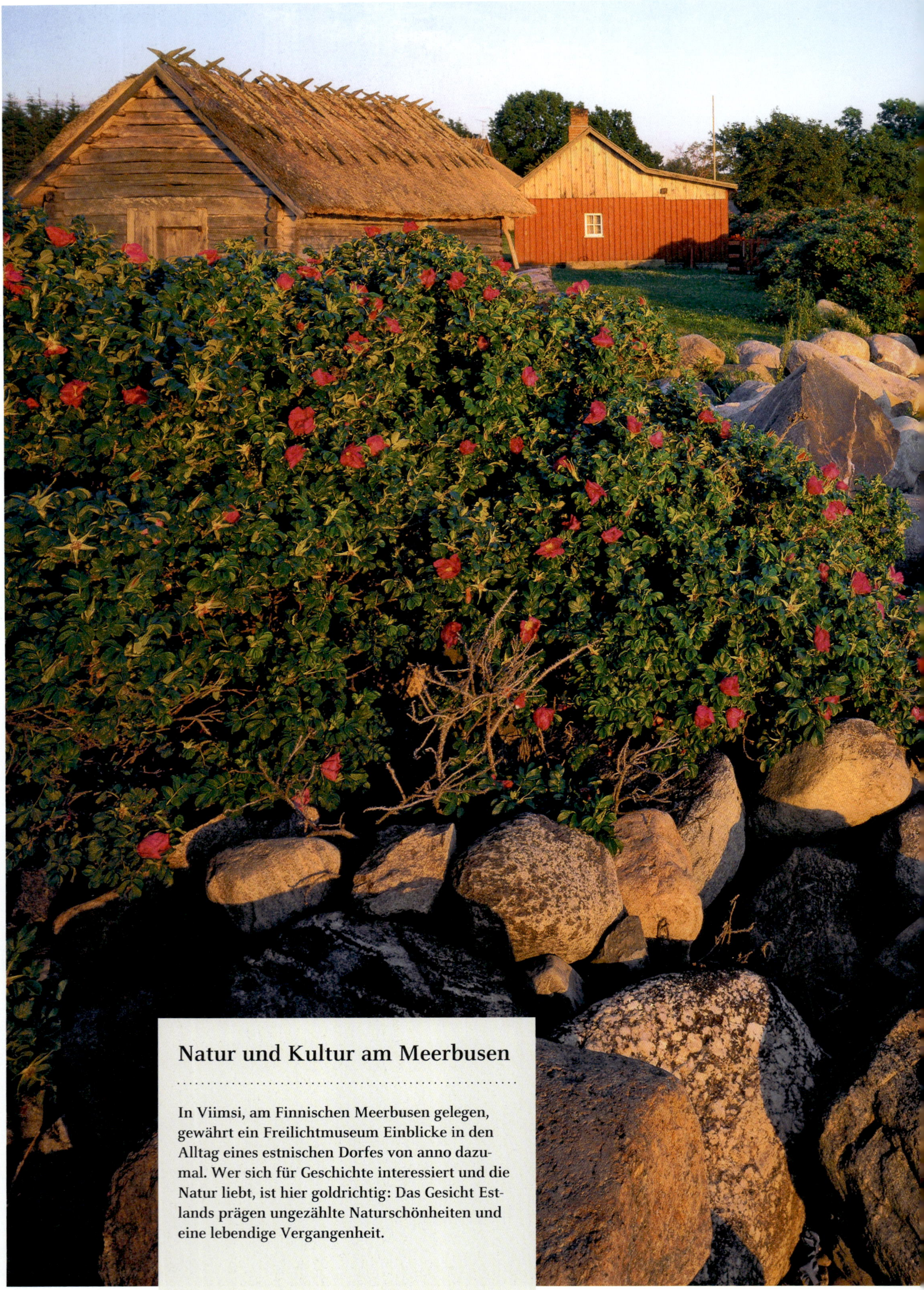

Natur und Kultur am Meerbusen

In Viimsi, am Finnischen Meerbusen gelegen, gewährt ein Freilichtmuseum Einblicke in den Alltag eines estnischen Dorfes von anno dazumal. Wer sich für Geschichte interessiert und die Natur liebt, ist hier goldrichtig: Das Gesicht Estlands prägen ungezählte Naturschönheiten und eine lebendige Vergangenheit.

Die schönsten Plätze zum Übernachten

Wie man sich bettet, so ruht man

Rund 700 Jahre lang stellten die Deutschbalten in Estland und Lettland die Oberschicht. Viele ihrer einst luxuriösen Domizile sind heute nur noch Ruinen, doch einige wurden aufwendig restauriert und beherbergen inzwischen überaus sehenswerte Hotels.

1

2

1 Kukšu muiža

Zur Jahrtausendwende war das stattliche Herrenhaus Kukschen, in dem einst Helene von Bötticher geboren wurde, die Mutter des deutschbaltischen Schriftstellers Werner Bergengruen (1892–1964), noch in einem erbarmungswürdigen Zustand. Dann hat sich der Pfälzer Koch Daniel Jahn in das Anwesen verliebt und es mit viel Herzblut und einem enormen finanziellen Aufwand wieder in ein herrschaftliches Schmuckstück verwandelt. Die Lage an einem kleinen See strahlt Ruhe und Romantik aus, das Innere des Hauses wirkt nostalgisch und doch modern. Die Zimmer sind alle unterschiedlich mit antiken Möbeln, Bildern und Teppichen eingerichtet. Nicht nur als Retter und Sanierer des Landsitzes, auch als Koch versteht der Hausherr sein Handwerk. Höhepunkt des Tages ist sein mehrgängiges Überraschungsmenü, das im herrschaftlichen Speisesaal serviert wird.

Jaunsātu pagasts, LV-3128, Lettland, Tel. 631 8 15 45, www.kuksumuiza.lv

2 Pädaste Mois

Das Herrenhaus Pädaste auf der kleinen estnischen Insel Muhu beherbergt seit einigen Jahren eines der edelsten und teuersten Hotels des Landes. Die Gebäude liegen in einem kleinen Park, zum Meer sind es nur wenige Schritte. Auch das Restaurant wird immer wieder wegen seiner kreativen estnischen Küche gelobt und ausgezeichnet. Zum Frühstück gibt's hausgemachte Köstlichkeiten.

94714 Muhu, Estland, Tel. 454 88 00, www.padaste.ee

3 Vihula Manor Country Club & SPA

Die 75 Gästezimmer und Suiten befinden sich in acht verschiedenen Gebäuden inmitten eines weitläufigen Parks des ehemaligen Gutshofes. Entsprechend vielfältig sind sie gestaltet, das Ambiente ist eine gelungene Mischung aus historischen Elementen und modernem Komfort. Von dem eleganten Restaurant La Boheme im ersten Stock des Herrenhauses aus überblickt man das ganze Anwesen.

Lääne-Virumaa, 45402 Vihula, Estland, Tel. 326 41 00, www.vihulamanor.com

4 Ammende Villa

Die Jugendstilvilla in Pärnu geht auf die deutschstämmige Familie Ammende zurück, die gegen Ende des 18. Jahrhunderts nach Estland zog und in der Folgezeit zu Geld kam. Nach einer wechselvollen Geschichte wurde das Gebäude 1999 in ein kleines, luxuriöses Hotel umgewandelt. Bemerkenswert ist das vollständig erhaltene gebliebene Jugendstil-Interieur sowohl im Empfangsbereich als auch in den Suiten und Zimmern.

Mere blvd. 7, 80010 Pärnu, Estland, Tel. 447 38 88, www.ammende.ee

5 Schloss Sangaste

Graf Friedrich von Berg ließ das Schloss im südlichen Estland nicht weit von der lettischen Grenze ab dem Jahr 1870 nach dem Vorbild des englischen Windsor Castle errichten, die Pläne dafür zeichnete der Talliner Architekt Otto Pius Hippius. Schon das Äußere des mit vielen Türmen und Erkern verzierten Backsteinbaus ist sehenswert, auch im Innern erinnert noch viel an die Zeit seiner Entstehung. Auf Schlossführungen durch die prunkvollen Säle und bei einer Besichtigung des Arboretums können Besucher den Charme des Anwesens erleben. Übernachtungsgäste logieren in modern eingerichteten Zimmern, für Hochzeitspaare steht eine eigene Suite zur Verfügung. Wer mag, kann auch das ganze Schloss für Festivitäten mit bis zu 140 Gästen mieten. Zum Anwesen gehört ein schöner Park – der größte und artenreichste Waldpark Estlands.

67005 Lossiküla,
Sangaste, Estland,
Tel. 529 59 11,
www.sangasteloss.com

6 Mežotnes Pils

Etwa zehn Kilometer von der lettischen Kleinstadt Bauska entfernt liegt dieses klassizistische Schloss inmitten eines englischen Landschaftsgartens. Das Land wie das Geld für den nach Entwürfen des russischen Hofarchitekten Giacomo Quarenghi errichteten Baus schenkte Katharina die Große der Erzieherin ihrer Enkelkinder, Charlotte von Lieven, die aber selbst nie hier wohnte. Jedes der 21 Gästezimmer im 2. Stock des Hotels ist in einem anderen Stil eingerichtet.

Mežotnes pagasts,
3918 Bauska, Lettland,
Tel. 639 607 19 11,
www.mezotnespils.lv

7 Bīriņu Pils

Die meisten Gäste schlafen nicht im auffälligen rosa-weißen Schloss Bīriņu sondern im ehemaligen Haus des Gärtners. Doch keine Angst: Das Gefühl, hier ein Schlossherr auf Zeit zu sein, stellt sich spätestens beim Besuch des Restaurants ein. Wer Luxus und Exklusivität liebt, fühlt sich bestimmt in den Turmsuiten des Schlosses wohl. Der weitläufige Park mit seinen schönen Alleen, Seen und versteckten Lichtungen eignet sich bestens für erholsame Spaziergänge.

Limbažu nov.,
4013 Bīriņi, Lettland,
Tel. 292 4 49 27,
www.birinupils.lv

8 Dikļi Palace Hotel

Das ockerfarbene Schloss wurde aufwendig nach historischem Vorbild restauriert und beherbergt heute ein Vier-Sterne-Hotel. Die 26 Zimmer und drei Suiten sind mit antiken Möbeln, zeitgenössischen Bildern sowie meist auch mit Kachelöfen aus dem 19. Jahrhundert eingerichtet. Das Restaurant serviert kreative Speisen auf Gourmet-Niveau, für Entspannung sorgen die SPA-Angebote sowie der weitläufige Park.

Kocēnu novads,
4223 Dikļu pagasts,
Lettland,
Tel. 420 74 80,
www.diklupils.lv

Neuer Wind in alten Gassen

Estlands Hauptstadt Tallinn hat sich mächtig herausgeputzt. Im Sommer, wenn die Tage lang und die Nächte hell sind, pulsiert in den mittelalterlichen Gassen der Altstadt das Leben, haben Restaurants, Cafés und Kneipen Hochbetrieb. Die Finnen waren die Ersten, die aus dem nahen Helsinki zum Feiern und Shoppen herüberkamen, denn nicht nur der Alkohol ist hier viel billiger als zu Hause. Mittlerweile hat es sich aber auch außerhalb Finnlands herumgesprochen: Tallinn ist eine Reise wert!

Tallinns Altstadt war schon im 13. Jahrhundert das Geschäftszentrum von Kaufleuten und Handwerkern.

Farbenprächtige kleine Gässchen (links oben), das zum Luxushotel umfunktionierte Gebäudeensemble „Die drei Schwestern" (rechts), ein mittelalterliches Fest (links unten) – das sind nur ein paar der Highlights, die Besucher im Herzen Tallinns hinter der Stadtmauer erwarten.

Nicht zuletzt das aufgemotzte Einkaufszentrum Rotermann Kaubamaja, ursprünglich um 1829 erbaut, hat dem Rotermann-Viertel in der Altstadt ein moderneres Flair verliehen.

Als Besucher schlendert man fasziniert durch die engen Gassen: Gut, dass die früheren Kaufleute ihre Häuser so massiv gebaut haben, dass ihnen spätere Epochen nur wenig anhaben konnten.

Eine Stadt, die so alt ist wie Tallinn, steckt voller Legenden wie der vom hässlichen grünen Männchen, das angeblich jedes Jahr in einer dunklen Herbstnacht aus dem am südlichen Stadtrand gelegenen Ülemistesee auftaucht und den Stadtwächter fragt, ob Tallinn denn schon fertig sei. Zur Antwort bekommt es natürlich immer ein entschiedenes „Nein", denn bei einem „Ja" würde das Männchen die Stadt mit dem Seewasser überfluten.

Mythos und Realität

Ein Glück, dass dieses grüne Männchen immer nur fragt, statt auch einmal selbst einen Blick in die Altstadt zu werfen, denn dort hat sich so viel getan, dass es vielleicht unsicher werden würde. Am Ende der Sowjetzeit gab es noch fünf Häuser in Privatbesitz und viel Leerstand. Mittlerweile haben die alten Eigentümer ihre Heime zurück, und nur noch wenige Häuser warten auf neue Bewohner. Als im Jahr 1980 die Segelwettbewerbe im Rahmen der Moskauer Olympischen Spiele vor Tallinn ausgetragen wurden, hat man zwar nicht nur den Fernsehturm erbaut, sondern auch die historische Altstadt einem Sanierungsprogramm unterzogen – Fassaden wurden gestrichen und Dächer gedeckt –, allerdings zeigte man damals den ausländischen Besuchern nur eine Art Potemkinsches Dorf: Für eine grundlegende Verbesserung der Bausubstanz fehlte das Geld.

Heute kümmern sich Fachleute wie Jüri Kuuskemaa, einer der angesehensten estnischen Kunsthistoriker, um das mittelalterliche Erbe Tallinns. Als Besucher schlendert man fasziniert durch die engen Gassen, deren Verlauf sich seit dem Mittelalter nicht verändert hat, bewundert das Ensemble der Wohnhäuser mit ihren hohen Giebeldächern, die wieder in frischen Farben leuchten – kein Zweifel, Tallinn hat den Titel „Welterbe", den ihm die UNESCO verlieh, verdient. Das Innere der alten Häuser bleibt den meisten Besuchern verborgen, aber Jüri Kuuskemaa findet hinter den dicken Mauern immer wieder etwas Überraschendes: versteckte Deckengemälde, kunstvoll ornamentierte Balken, Kachelöfen aus der Zeit des Revaler Rokoko ... Jedes Haus hat seinen ganz eigenen Charme. Gut, dass die früheren Kaufleute ihre Häuser so massiv gebaut haben, dass ihnen spätere Epochen nur wenig anhaben konnten.

Eine Stadt mit vielen Namen

Glaubt man dem Nationalepos „Kalevipoeg", dann ist der rund 50 m hohe Kalksteinfelsen des Dombergs das Grab von Kalev, dem legendären König der Esten. Wie viel Wahrheit in diesem Mitte des 19. Jahrhunderts von Reinhold Kreutzwald nach alten Mythen, Sagen und Volks-

Die Alexander-Newski-Kathedrale in Tallinn wurde benannt nach Alexander Jaroslawitsch Newski (um 1220–1263), einem in Russland als Nationalheld verehrten Heiligen der russisch-orthodoxen Kirche.

Im Kanonenturm „Dicke Margarete“, einem Teil der originalen Stadtmauer, ist heute das Estnische Seefahrtsmuseum untergebracht.

Vom Turm der Olai-Kirche überblickt man die gesamte Stadt.

Special

Altstadtfest

Feiern wie im Mittelalter

Auch für das leibliche Wohl ist während des Altstadtfestes bestens gesorgt.

Anfang Juni begeht Tallinn vier Tage lang sein Altstadtfest – ein Höhepunkt des sommerlichen Festkalenders. Damit führt die Stadt eine lange Tradition fort. Schon im Mittelalter gab es Stadtfeste, auf denen die besten Bogenschützen und die schönsten Frauen gekürt wurden. Der Zeitpunkt des heutigen Festes ist ideal: Kurz vor Mittsommer sind die Tage lang, und die weißen Nächte animieren zum Feiern. Auch die Kulisse könnte nicht besser sein, stehen die Festtage doch im Zeichen längst vergangener Zeiten. Der Rathausplatz verwandelt sich in einen mittelalterlichen Marktplatz, auf dem neben Speis und Trank auch Objekte des Kunsthandwerks zu haben sind. Auf mehreren Bühnen wird Musik geboten, von traditioneller estländischer Folklore über russische Chöre bis hin zu Rock und Pop.

liedern verfassten „Kalevipoeg“ steckt, lässt sich nur schwer sagen. Doch dass der Ursprung Tallinns auf dem Domberg liegt, gilt als gesichert. Im 11. Jahrhundert wurde hier „Lindanise“ errichtet. Etwa zur selben Zeit entstand wohl die Karte des arabischen Kartografen Idrisi, auf der an der Stelle des heutigen Tallinn der Name „Kolywan“ zu finden ist. Im 13. Jahrhundert eroberten die Dänen die Bauernburg und bauten ihrerseits eine Festung auf dem Domberg, die „Taani Linn“. Aus dieser „Festung der Dänen“ (so die sinngemäße Übersetzung des Namens) entstand schließlich das heutige Tallinn. Doch bis es soweit war, trug die Stadt vom späten Mittelalter bis zum Jahr 1918 den deutschen Namen „Reval“.

Unterstadt und Domberg

Im Mittelalter gab es innerhalb der Altstadtmauern zwei Siedlungen, die Unterstadt und den Domberg. Während in der Unterstadt die Kaufleute der Hanse und die Handwerker ihren Geschäften nachgingen, residierten auf dem Domberg die Adligen. Formell wurde diese Trennung erst im Jahr 1989 aufgehoben. Und so dominieren in der Unterstadt bis heute die Kaufmannshäuser; auf dem Domberg findet man mit dem Schloss, der Domkirche und den Stadtpalästen viele prächtige Gebäude.

Der Rathausplatz ist heute ein beliebter abendlicher Treffpunkt für ein Gläschen Bier und einen kleinen Snack.

Links: Das Estnische Kunstmuseum (Kumu) im Tallinner Stadtteil Kadriorg, ein 50 Millionen Euro teurer Bau, wurde von dem finnischen Architekten Pekka Vapaavuori entworfen.

Rechts: Das geschäftige Treiben auf den Straßen der Stadt spiegelt sich hier in einer neuzeitlichen Hochhausfassade.

Der Name der Nimega Bar bedeutet „Pub mit einem Namen“ und ist eine Anspielung auf die Nimeta Bar („Pub ohne Namen“), die sich in derselben Straße befindet.

Das Zentrum der Unterstadt bildet seit jeher der Rathausplatz mit dem gotischen Rathaus, von dessen Turm man alles überblickt. Auch die Stadtmauer, die Tallinn zu einer der am besten befestigten Städte Europas machte, ist von diesem luftigen Ort aus gut zu sehen. Obwohl ihr Ring heute nicht mehr geschlossen ist und von den einst 46 Türmen nur rund die Hälfte erhalten blieb, schützt das imposante Bauwerk die Altstadt vor dem Bauboom des modernen Tallinn.

Unterwegs in die Zukunft

Die Hauptstadt, das wirtschaftliche Zentrum des Landes, ist auf dem Weg zu einer modernen europäischen Metropole. Der mittelalterliche Kern mag ein Anziehungspunkt für Touristen sein, doch wichtiger sind die Veränderungen außerhalb der Mauern. Verlässt man die Altstadt durch das Virutor, steht man mitten im modernen Tallinn, auf dessen breiten Straßen der Verkehr pulsiert. Hier mischen sich die Baustile der jüngeren Vergangenheit mit der Zukunft der Stadt.

Eher Unansehnliches erinnert an die Sowjetzeit, einige alte Holzhäuser sogar noch an die Zarenzeit, und ein Stück weiter draußen gibt es auch hier Trabantenstädte aus Plattenbauten, die ursprünglich russischen Arbeitern als Zuhause dienten. Überall wurde in den letzten Jahren gebaut, der „Tigerstaat“ wollte so schnell wie möglich in die Zukunft – mit gläsernen Hochhausfassaden, teuren Hotels und großen Einkaufszentren.

Noch rechtzeitig vor der Wirtschaftskrise hat Tallinn viel von den versäumten Jahren hinter dem Eisernen Vorhang aufgeholt. Derzeit ist das Tempo immer noch etwas gedrosselt – und so wird man dem grünen Männchen aus dem Ülemistesee wohl noch einige Jahre guten Gewissens mit „Nein“ antworten können.

Tallinn ist auf dem Weg zu einer modernen europäischen Metropole.

Die typischsten Leckereien

Man gönnt sich ja sonst nichts

Das typische Essen im Baltikum ist einfach, kräftig und herzhaft, auch süße Köstlichkeiten wie Marzipan und Schokolade werden hier gern genascht. Bierfreunde kommen ebenso auf ihre Kosten wie Liebhaber von Hochprozentigem, wobei es gar nicht immer nur Wodka sein muss.

1 Marzipan aus Tallinn

In Tallinn ist man – ebenso wie in Lübeck – davon überzeugt, dass die feine Mandel-Süßspeise ursprünglich von dort stammt. Da beide Städte einst Mitglied der Hanse waren, gab es schon damals einen regen Waren- und Erfahrungsaustausch. So wird sich die Frage der wahren Originalität wohl nie eindeutig klären lassen. Von der Warenqualität des Tallinner Marzipans überzeugen lassen kann man sich aber beispielsweise im Café Maiasmokk. Im angeschlossenen Marzipanzimmer der Firma Kalev werden die süßen Kunstwerke – Tierfiguren, Obst, Gemüse und Postkarten mit Stadtmotiven – von Hand mit Lebensmittelfarben bemalt, ausgestellt und zum Verkauf angeboten.

Café Maiasmokk,
Pikk 16 Tallinn, Estland,
Tel. 646 40 66

2 Pierre Chocolaterie

In einem Innenhof mitten in der Tallinner Altstadt versteckt sich dieses kleine, nostalgische Café. Im Sommer sitzt man draußen und genießt den ruhigen, verträumten Winkel, im Winter wird es drinnen in plüschigem Ambiente urgemütlich. Zum Kaffee sollte man sich ein Stück Kuchen und natürlich den einen oder anderen hausgemachten Trüffel gönnen.

Vene 6, Tallinn, Estland,
Tel. 641 80 61, www.pierre.ee

3 Schokolade aus Riga

Die „Laima-Uhr" in Riga, in der Nähe des Freiheitsdenkmals, kennt jeder in der lettischen Hauptstadt als Treffpunkt für ein romantisches Rendezvous. Wer etwas über „Laima", den größten und bekanntesten Süßwarenhersteller des Baltikums erfahren möchte, geht am besten ins Schokoladenmuseum. Hier kann man sich ansehen, wie aus Kakaobohnen feine Schokoladenspezialitäten werden. Wen das Naschen der Kostproben überzeugt, der kann sich im „Candy Store" einen Vorrat für zu Hause zusammenstellen. Oder man geht ins Emils Gustavs – ein Café gleich gegenüber der Nationaloper, das alles Mögliche aus Schokolade herstellt. Manchmal kann man dabei auch zusehen – in jedem Fall gibt es hier heiße Trinkschokolade (die so dick ist, dass der Löffel fast darin stehen bleibt!) und viele andere Köstlichkeiten mehr.

Schokoladenmuseum:
Miera iela 22, Riga, Lettland,
Tel. 66 15 47 77, www.laima sokoladesmuzejs.lv,
Di.–So. 10.00–19.00 Uhr
Café Emils Gustafs:
Blaumaņa iela 38/40, Riga, Lettland, Tel. 276 5 93 83,
www.emils gustavs.com,
Mo.–Fr. 9.00 –22.00,
Sa./So. 10.00 –22.00 Uhr

4 Rigas Melnais Balzams (Likör)

Rigas Schwarzer Balsam ist ein traditioneller lettischer Likör, der nach einem streng gehüteten Rezept aus Kräutern, Ölen, Blüten und Beeren hergestellt wird. Viele schwören auf den schwarzen, bittersüßen Likör, der es immerhin auf 45 % Alkoholgehalt bringt, manche finden ihn jedoch scheußlich. Da hilft nur selbst ausprobieren, ein guter Platz dafür ist die B-Bar am Domplatz in Riga. Wem der Balzams pur zu stark ist, der kann ihn auch als Cocktail genießen. Wie wäre es etwa mit einem *Balzama saldējuma kokteilis*, der mit Bananenlikör, Sahnelikör und Eiskrem serviert wird?

Doma laukums, Riga, Lettland, Tel. 672 2 88 42, Mo.–Fr. ab 11.00, Sa./So. ab 12.00 Uhr

5 Alus Sēta

Das rustikale Ambiente des auch bei Einheimischen beliebten Restaurants nahe dem Domplatz von Riga ist einem lettischen Dorf nachempfunden. Hier kann man sich am Buffet so gut wie alle traditionellen lettischen Gerichte aussuchen, natürlich auch graue Erbsen mit Speck oder das leckere dunkle Brot. Zu den deftigen Gerichten passt ein lettisches Bier wie das hauseigene Lido-Ale.

Tirgoņu iela 6, Riga, Lettland, Tel. 672 2 24 31, www.lido.lv, tgl. 11.00–22.00 Uhr

6 Medininkai

Das Medininkai gilt als eines der besten Restaurants von Vilnius, hier speist man in historischem Ambiente – wenn es warm genug ist auch im Sommerhof. Internationale Gerichte und – teils neu interpretierte – litauische Klassiker stehen auf der Speisekarte. Wer etwas typisch Litauisches probieren möchte, nimmt als Vorspeise Sticks aus dunklem Brot mit Käse überbacken, gefolgt von Heringsfilet mit Pilzsalat. Deftig und kalorienreich präsentieren sich die litauischen Würste und der überbackene Käse.

Aušros Vartų 8, Vilnius, Litauen, Tel. 600 8 64 91, www.medininkai.lt, tgl. 12.00–23.00 Uhr

7 Bernelių Užeiga

Typisch litauisches Essen bekommt man gar nicht mehr so oft, deshalb hat das urige Restaurant in der Innenstadt von Kaunas bei Einheimischen wie bei Touristen Kultstatus. Aber Vorsicht: Die leckere Hausmannskost, ob *Cepelinai* (mit Hackfleisch oder Quark gefüllte Kartoffelklöße) oder die Suppe im Brot, ist nichts für Kalorienzähler.

Gedimino 19/1, Kaunas, Tel. 663 6 02 32, Mo.–Do. 8.00–24.00, Fr. bis 1.00, Sa. 11.00–1.00, So. 11.00–22.00 Uhr

Tallinn
Maßstab 1:13.000
0
300m
Tallinna lahT
Miini-sadam
Peetri sadam
Lennusadam
Noblessneri valukoda
Lennusadam Mere-muuseum
Kalamaja park
KALAMAJA
Salme kultuurikeskus
Lastemuuseum
Patareisadam
Kalasadam
Helikopteri-terminal
Linnahall
A-terminal
B-terminal
C-terminal
D-terminal
Vanasadam
Merekeskus
Norde Centrum
SADAMA
Eesti Arhitektuuri-muuseum
Siimeoni kirik
Balti jaam
KELMIKÜLA
Kopli kaubajaam
Rannamägi
Tornide väljak
VANALINN
Toompark
TOOMPEA
ALL-LINN
Linnateater
Nukuteater
Oleviste kirik
Paks Margareeta
Mere-muuseum
Bremeni torn
Kanutiaia noortemaja
Kalevi siseujula
Rotermanni Kino (Coca-Cola Plaza)
Postimaja
Eesti Teatriliit
Viru torn
Raekoja plats
Konservatoorium
Toomkirik
Toompea loss
Lossi plats
Aleksander Nevski Katedraal
Kiek in de Kök Muuseum
Niguliste kirik
Hinke torn
Dunkri
Lindamägi
Hirvepark
Harjumägi
Vabaduse väljak
Jaani kirik
G. Lurich
Assauwe torn
Draamateater
Estonia teater
Viru-keskus
A.H. Tammsaare park
Kaubamaja
Kunstiülikool
SÜDALINN
Teatri Väljak
Sakala keskus
Islandi Väljak
Vanalinnastuudio
KOMPASSI
MAAKRI
RAUA
Politseiaed
SIBULAKÜLA
Lembitu park
KELDRIMÄE
Kaasani kirik
Keskturg
Pleekmägi
TATARI
Kino Kosmos
Linnavalitsus
Vene Draamateater
Kaarli kirik
Rahvusraamatukogu
VAT teater
Tõnismäe haigla
Tõnismägi
TÕNISMÄE
KASSISABA
Metodisti kirik
Falgi park
Wismari Muuseum
Tallinn
Keskhaigla
Tiigiveski park
Hostel Liivalaia
Hostel
Lastestaadion
UUS MAAILM
Kristiine Konvor
Lilleküla
Spordihall
Kalevi kesk-staadion
Siselinna kalmistu
Pärnu mnt
Narva mnt
Tartu mnt
Gonsiori
Liivalaia
Juhkentali
Suur-Ameerika
Endla
Luise
Paldiski mnt
Toompuiestee
Rannamäe tee
Põhja pst
Mere pst
Estonia pst
Ahtri
Pronksi
Kopli
Soo
Sadama
1
2
3
4
5
6
7
8
9
10
11
12
13
14

Frisch aufgehübscht

Außerhalb der Altstadtmauern bröckelt an manchem Haus noch der Putz und stören architektonisch wenig überzeugende Bauten aus der Sowjetzeit die Ästhetik, doch rund um den Rathausplatz kann man durch enge Gassen schlendern und frisch sanierte, pastellfarben gestrichene Häuser bewundern.

Tallinn

In Estlands Hauptstadt Tallinn leben heute etwa 440 000 Menschen, rund ein Drittel der gesamten Landesbevölkerung. Aus dem vorgeschichtlichen Siedlungs- und alten Handelsplatz entstand im 13. Jh. die heutige Stadt – erst unter dänischer Herrschaft, ab 1346 unter der des Deutschen bzw. Livländischen Ordens. Ab 1280 Hansemitglied, war das damals „Reval" genannte Tallinn mit seinem Lübecker Stadtrecht vor allem im 15. Jh. eine einträgliche Zwischenstation im Osthandel mit Nowgorod. Im Livländischen Krieg geriet die Stadt 1561 in schwedische Hände. Durch die Folgen des Nordischen Krieges ab 1700 kam Tallinn an Russland; 1714 ließ Zar Peter der Große mit dem Bau des Hafens beginnen. Vom Ersten Weltkrieg nur wenig berührt, endete im Jahr 1918 die russische Herrschaft: Estland wurde selbstständig und Tallinn Hauptstadt. 1940 erzwang Stalin die Mitgliedschaft in der Sowjetunion, 1991 wurde sie aufgehoben. 1997 nahm die UNESCO die Altstadt als gut erhaltenes Beispiel einer nordischen mittelalterlichen Hanse- und Handelsstadt in ihre Welterbeliste auf.

INFORMATION
Tallinna Ettevõtlusameti turismiosakond, Vabaduse väljak 7, EE-15199 Tallinn, Tel. 645 77 77, www.visittallinn.ee/ger

Tipp

Gut & günstig

Mit der **Tallinn Card**, online sowie in der Touristeninformation erhältlich, hat man freien Eintritt in Museen und bei anderen Sehenswürdigkeiten, kann kostenlose Sightseeingtouren machen und den öffentlichen Nahverkehr nutzen. Zudem bekommt man in einigen Restaurants und Läden Rabatte.

TALLINN CARD
www.visittallinn.ee/ger/tourist/tallinncard
Preise: 24 Std. 32 €, 48 Std. 42 €, 72 Std. 52 €

Oben: Tallinns Altstadt mit der Heiliggeistkirche im Hintergrund. Rechts: Im Wehrturm „Kiek in de Kök". Darunter: in der Domkirche

SEHENSWERT
Schon im 13. Jh. hatte man begonnen, Tallinn zu befestigen. Die **Stadtmauer** wurde ständig ausgebaut, und so entwickelte sich Tallinn zu einer der am besten befestigten Städte im Ostseeraum. Letztlich umschloss die Mauer den sich in eine Ober- und eine Unterstadt gliedernden mittelalterlichen Kern Tallinns auf einer Länge von 2,4 km, war bis zu 16 m hoch, 2–3 m dick und von mehr als 40 Türmen gekrönt. Knapp 2 km Mauer mit 26 Türmen blieben bis heute. Aus dem 15. Jh. stammt der mächtige Turm ❶ **Kiek in de Kök** (heute das Tallinner Stadtmuseum); sein Name ist Niederdeutsch und bedeutet „Guck in die Küche": Angeblich konnte man von den oberen Fenstern des 49 m hohen Turmes den Leuten in der Unterstadt in die Töpfe schauen. Nach dem Aufstieg über das steile „kurze Bein" mit seinen Treppen oder über das etwas flacher ansteigende, einst auch mit Pferd und Wagen zu bewältigende „lange Bein" gelangt man auf den **Domberg** (Toompea). Nicht zu versäumen ist der Blick von einer der Aussichtsplattformen auf die Unterstadt, aus der mehrere Kirchturmspitzen und das Rathaus herausragen. Auf dem Domberg stand ab Mitte des 11. Jh.s immer eine Burg, mehrmals zerstört und neu errichtet sowie schließlich um 1770 von der Zarin Katharina II. zum jetzigen spätbarocken ❷ **Schloss** umgestaltet. Heute haben hier das estnische Parlament und die Regierung ihren Sitz. Von den vier Türmen der mittelalterlichen Burg blieb nur der **Lange Hermann** komplett erhalten; von seiner Spitze weht täglich von Sonnenauf- bis zum Sonnenuntergang die blau-schwarz-weiße estnische Fahne. Die benachbarte russisch-orthodoxe **Alexander-Newski-Kathedrale** ist an ihren Zwiebeltürmen zu erkennen (Lossi plats 10; Mai–Sept. tgl. 8.00–19.00, Sa. bis 20.00, sonst bis 17.00 Uhr). Im barocken Inneren der nahen ❸ **Domkirche** TOPZIEL (Toomkirik, seit dem 13. Jh. mehrfach umgebaut und eine der ältesten Kirchen Estlands), erzählen aufwendige Wappenschilde und Grabplatten die Geschichte des Adels (Toomkooli 6; Mai–Sept. tgl. 9.00–17.00/18.00, sonst 9.00–16.00 Uhr, Nov.–April Mo. geschl.). Bemerkenswert auf dem Domberg sind auch die **Adelspaläste**, die ihr heutiges Aussehen nach dem Brand 1684 erhielten. Die meisten Wohnhäuser wurden im klassizistischen Stil gebaut: viereckig mit strengen Fassaden und einer betonten Mitte. In der Unterstadt, die Anfang des 13. Jh.s zwischen Hafen und Domberg entstand, wohnten früher die Kaufleute und Handwerker. Das Zen-

Im Freilichtmuseum Rocca al Mare

trum der Altstadt bildet der ❹ **Rathausplatz** **TOPZIEL** mit dem gotischen **Rathaus** (Raekoda), dessen achteckiger Turm ein Wahrzeichen Tallinns ist. Eine enge Wendeltreppe führt hinauf, von oben überblickt man die Häuser und den Domberg (www.tallinn.ee/raekoda, Rathaus: Juli, Aug. Mo.–Sa. 10.00–16.00, Turm: Mai–Mitte Sept. tgl. 11.00–18.00 Uhr). Um den Rathausplatz gruppieren sich mittelalterliche Häuser, in denen einige Restaurants untergebracht sind; im Sommer kann man hier schön draußen sitzen und die „weißen Nächte" genießen. Eines der schönsten Gebäude am Rathausplatz ist die Ratsapotheke, eine der ältesten Apotheken der Welt, erstmals 1422 erwähnt; sie beherbergt neben einer modernen Apotheke ein kleines Museum mit medizinischen Kuriositäten (Raekoja plats 11). Das ❺ **Schwarzhäupterhaus**, ehemals Sitz der „Schwarzhäupter" genannten, unverheirateten deutschstämmigen Kaufleute, ist an seiner schönen Fassade im Stil der niederländischen Renaissance des 16. Jh.s zu erkennen; sie zeigt die Wappen der Hansekontore Brügge, Nowgorod, London und Bergen. Es steht an der Pikk (Nr. 26), die als „Lange Straße" Burg und Hafen verbindet. In Tallinn gibt es noch heute einige sehenswerte Gildehäuser: Die **Olai-Gilde** (Pikk 24) war für einfache Handwerker schwedischer, finnischer und estnischer Herkunft, die **Kanuti-Gilde** (Pikk 20) vereinte deutschstämmige Handwerker, und in der ❻ **Großen Gilde** (bis 1410; Pikk 17) waren die einflussreichen Kaufleute der Stadt organisiert. Die ❼ **„Drei Schwestern"** (Pikk 71) sind drei besonders schöne Häuser (15. Jh.), die ein Kaufmann für seine drei Töchter baute; sie bilden das Gegenstück zu den „Drei Brüdern" in Riga.

In der südlichen Unterstadt fällt die gotische ❽ **Nikolaikirche** (Niguliste Kirik) ins Auge, eine auch als Warenlager genutzte ehemalige Kaufmannskirche (urspr. 13. Jh.); sie wurde 1944 zerstört, wieder aufgebaut und dient heute als Konzertsaal und Museum für sakrale Kunst. Bemerkenswert sind der Hauptaltar von Hermen Rode aus dem 15. Jh. und das Gemäldefragment des ebenfalls aus Lübeck stammenden Bernt Notke (Niguliste 3, www.nigulistemuuseum.ee, Mai–Sept. Di.–So. 10.00–17.00, sonst Mi. bis So. 10.00–17.00 Uhr). Im Mittelalter galt der damals 159 m hohe Turm der ❾ **Olaikirche** (Oleviste Kirik) als einer der höchsten der Welt; ihr heutiges neugotisches Aussehen stammt aus der ersten Hälfte des 19. Jh.s (Lai 50, April–Okt. tgl. 10.00–18.00, Juli/Aug. 10.00–20.00 Uhr). Die ❿ **Heiliggeistkirche** (Pühavaimu Kirik, urspr. 13. Jh.) diente im Mittelalter als Krankenhaus und Ratskapelle. Ihre Fassade ziert eine große, bunt bemalte Uhr aus dem 17. Jh. Höhepunkt innen ist der Flügelaltar mit biblischen Szenen des Lübeckers Bernt Notke von 1483 (Pühavaimu 2; Mo.–Sa. Juni–Aug. 9.00–18.00, Mai/Sept. 10.00–17.00, Mitte März–April u. Okt. bis Dez. 10.00–15.00, Jan.–Mitte März 12.00 bis 14.00/16.00 Uhr).

MUSEEN

Das ❻ **Historische Museum** ist nach umfassender Renovierung am Standort in der Großen Gildehalle (Pikk 17, Mai–Sept. tgl. 10.00–18.00 Uhr, sonst Mi. geschl.) wiedereröffnet; der zweite Standort Maarjamäe-Schloss (Pirita 56) soll zum 100. Geburtstag der Republik 2018 in neuem Glanz erstrahlen (Tel. 696 89 63, www.ajaloomuuseum.ee). Im ⓫ **Estnischen Meeresmuseum** kann man sich in der „Dicken Margarete", einem Geschützturm aus dem 16. Jh., umfassend über Tallinns Aktivitäten zur See informieren (unbedingt auch die alten Tauchausrüstungen anschauen! – Esti Meremuuseum, Pikk 70, Tel. 641 14 08, www.meremuuseum.ee; Mai–Sept. tgl. 10.00–18.00, Uhr, sonst Mo. geschl.). In den ehemaligen Wasserflugzeughangars außerhalb der Altstadt wurde 2012 ein neueres Meeresmuseum eröffnet, in dem das U-Boot „Lembit" sowie weitere Schiffe und maritime Exponate in Originalgröße zu sehen sind (Vesilennuki 6, Tel. 620 05 50, www.lennusadam.eu, Mai-Sept. tgl. 10.00–19.00, Uhr, sonst Mo. geschl.). Das ❷ **Okkupationsmuseum** beleuchtet die für die Esten äußerst bedrückenden Zeiten der Fremdherrschaft (Okupatioonide Muuseum, Toompea tn. 8, Tel. 668 02 50, www.okupatsioon.ee, Juni–Aug. Di.–So. 10.00–18.00, sonst 11.00–18.00 Uhr). Auch im ⓬ **Tallinner Stadtmuseum** spielen Okkupation und Freiheitsstreben thematisch eine große Rolle, zudem zeigt das moderne Museum die Stadtgeschichte (Tallinna Linnamuuseum, Vene 17, Tel. 615 51 93, www.linnamuseum.ee, März–Okt. Mi.–Mo. 10.30–18.00, sonst 10.00–17.30 Uhr). Eine Außenstelle ist im Turm „Kiek in de Kök" untergebracht (Komandandi 2, Tel. 644 66 86, März–Okt. Di.–So. 10.30–18, Nov.–Feb. 10.00 bis 17.00 Uhr). Das neue ⓮ **Estnische Kunstmuseum** Kumu ist ein architektonisch interessanter Bau des finnischen Architekten Pekka Vapaavuori. Die umfangreichen Dauerausstellungen verteilen sich auf mehrere Stockwerke und geben einen guten Überblick von der Klassik bis zur Moderne (außerhalb der Karte, Weizenbergi 34, Tel. 602 60 00, www.kumu.ee, Mai bis Sept. Di.–So. 11.00–18.00 (Mi. bis 20.00), sonst Do.–So. 11.00–18.00, Mi. bis 20 Uhr). Das ⓭ **Estnische Architekturmuseum** in einem alten Salzspeicher im Rotermannviertel zeigt u. a. eine Dauerausstellung zum schnellen Wandel der Stadt im 20. Jh. (Ahtri 2, Tel. 625 70 00, www.arhitektuurimuuseum.ee, Mi.–Fr. 11.00–18.00, Sa./So. 10.00–18.00 Uhr).

EINKAUFEN

Wer hochwertiges Kunsthandwerk sucht, sollte die Glasbläserinnen, Töpferinnen und Schneiderinnen in der **Katharinengasse** beehren. Grobgestricktes bietet der **Wollmarkt** an der Stadtmauer (Viru/Mürrivahe): Jede Menge Socken, Mützen und Pullover in skandinavischen Mustern und kräftigen Farben werden hier angeboten. Im Trödel stöbern kann man auf dem **Kadaka Markt** (Kadaka turg/Tammsaare 116). Außerhalb der Altstadt befriedigen das finnische Kaufhaus **Stockmann** und das Einkaufszentrum in **Rocca al Mare** (Paldiski 104) Konsumwünsche zu annehmbaren Preisen.

RESTAURANTS UND UNTERKÜNFTE

Das **Lido Restaurant** in Tallinn serviert typisch lettische Gerichte, gut zur Einstimmung auf den Abstecher ins Nachbarland (Estonia pst. 9, Tel. 609 33 64, www.lido.ee). Das Interieur im **Kuldse Notsu Kõrts** („kleines Schweinchen") erinnert an ein estnisches Landgasthaus, das typisch estnische Essen hat hohes Niveau (Dunkri 8, Tel. 628 65 67). Wer Knoblauch mag, geht ins **Balthasar.** Hier speist man in mittelalterlicher Atmosphäre mit Blick auf den Rathausplatz (Raekoja plats 11, Tel. 627 64 00, www.balthasar.ee). Das ebenfalls mittelalterlich-rustikale **Peppersack** serviert überwiegend Europäisches (Viru 2, Tel. 646 68 00, www.peppersack.ee). Im **Troika**, einem gemütlichen Kellerrestaurant, fühlt man

Tipp

Gut & deftig

Im **Restaurant Olde Hansa**, in einem großzügigen Haus eines reichen Kaufmanns mitten in der Altstadt zu finden, erwarten einen mit Kerzen erhellte lange Holztische, mit Wildschweinfellen gepolsterte Bänke, mittelalterliche Musik und eine kundige Bedienung in mittelalterlicher Tracht. Das Essen ist authentisch-deftig und wird reichlich aufgetragen: frisch gebackenes Brot, saftiges Wildschwein oder Lachs, würziges Sauerkraut und Honigbier.

RESTAURANT OLDE HANSA
Vana turg 1, Tel. 627 90 20,
www.oldehansa.ee

sich wie in Russland: Blini, Pelmeni, Wodka, gute Stimmung und Musik (Raekoja plats 15, Tel. 627 62 45, www.troika.ee). Das **Bogapott**, eine sympathische Mischung aus Café, Kunsthandwerkladen und Karamikstudio, befindet sich in der Stadtmauer auf dem Domberg (Pikk jalg 9, Tel. 631 31 81; www.bogapott.ee). Verschiedene exotische Kaffeespezialitäten und süße Genüsse bietet das **Kehrwieder Kohvicum** (Uus 16c, Tel. 642 70 26, www.kohvic.ee).
Außen Mittelalter, innen Fünf-Sterne-Luxus des 21. Jh.s: Im **Three Sisters** ist jedes Zimmer ein Unikat (Pikk 71/Tolli 2, Tel. 630 63 00, www.threesistershotel.com). Im **Hotel Schlössle** kann man sich verwöhnen lassen wie einst die wohlhabenden Kaufleute zur Zeit der Hanse (Pühavaimu 13/15, Tel. 699 77 00, www.schloesslehotel.com). Günstiger, aber deshalb nicht weniger gut, wohnt man im **Park Inn by Meriton Grand Conference & Spa Hotel** mit Blick auf den Domberg. Große Spa-Abteilung, mehrere Restaurants sowie ein überragendes Kuchenangebot im Café (Paldiski mnt. 4, Tel. 628 81 00, www.parkinn.com/hotel-meriton-tallinn). Eine preiswerte, allerdings etwas außerhalb gelegene Option ist das von Nonnen des schwedischen Birgittenordens geführte Gästehaus des **Pirita- Klosters** (Pirita, Merivälja tee 18, Tel. 605 50 00, www.osss.ee).

VERANSTALTUNGEN

Am Sängerfest 2014 nahmen in Tallinn mehr als 33 000 Laiensänger teil. Die nächste Veranstaltung in Tallinn ist 2019. Inzwischen gehören die **baltischen Sängerfeste** zum Immateriellen Kulturerbe der UNESCO.

UMGEBUNG

Im ⓮ **Katharinental** lockt der Stadtteil Kadriorg (östl., außerhalb der Karte), der mitten im Grünen und nahe am Meer liegt. Ein Bummel durch die Straßen ist wie der Gang durch ein Architekturmuseum: einfache Mietshäuser neben alten Holzvillen und vornehmen Sommerresidenzen. Doch die meisten Besucher wollen das prächtige **Barockschloss** bewundern, das Zar Peter I. 1718 inmitten eines Parks für seine Frau als Sommersitz anlegen ließ. Mit dem Bau beauftragte man den italienischen Architekten Niccolo Michetti. In den Innenräumen ist mit dem Kadrioru Kunstimuuseum ein Haus des Estnischen Kunstmuseums untergebracht; auf die mit Stuck verzierte Decke im Weißen Saal achten (Weizenbergi 37; www.ekm.ee). Im östlich gelegenen Stadtteil **Pirita** (siehe die Karte S. 46) wurden 1980 die olympischen Segelwettbewerbe ausgetragen. Pirita erhielt seinen Namen von dem im Jahr 1407 gegründeten **Nonnenkloster**, das der hl. Birgitta geweiht war. Von dem einst größten Kloster Alt-Livlands sind seit der Belagerung durch Zar Iwan dem Schrecklichen 1577 nur noch der mächtige Westgiebel und einige Mauerreste erhalten (Pirita, Kloostri tee 9, www.piritaklooster.ee). Auch der **Botanische Garten** Tallinns, in dem es mehr als 8000 Pflanzenarten im Freien sowie in Gewächshäusern zu sehen gibt, ist hier zu finden (Kloostrimetsa tee 52, www.tallinnbotanicgarden.org, tgl. 9.00–17.00 Uhr).

Genießen Erleben Erfahren

DuMont Aktiv

Im Kajak um die Stadt

Tallinn liegt direkt am Wasser und ist eine wichtige Hafenstadt, aber bei einem Altstadtbummel merkt man davon kaum etwas. Wer jedoch eine Tour mit dem Seekajak die Küste der Tallinner Bucht entlang macht, der erlebt die estnische Hauptstadt aus einer ganz anderen Perspektive: Der Treffpunkt für die knapp vierstündige Kajaktour liegt nicht weit vom Altstadtzentrum entfernt – nahe der für die Olympischen Spiele 1980 errichteten Stadthalle. Die leuchtend gelben Seekajaks liegen schon bereit: Wenn jeder Teilnehmer mit einer Schwimmweste ausgerüstet ist und eine Einführung bekommen hat, geht es los.

Tallinn hat 18 Häfen, acht davon besucht man unterwegs. Da die Tallinner Bucht sich nach Norden öffnet, der Wind aber fast immer aus Süden oder Westen weht, herrscht in den Häfen nur selten hoher Wellengang – gut zum Kajakfahren! Im Mittelalter befanden sich die Häfen noch viel näher an der Stadtmauer, aber durch mehrere Umbauten und auch wegen der Landhebung liegen sie heute ein Stück von der Altstadt entfernt. Von der Stadthalle geht es zunächst zu der Mitte des 19. Jh.s von Zar Peter I. erbauten Seefestung Patarei und zum Flughafen Lennusadam. Heute gehört die Anlage zum Estnischen Museum für Seefahrt, das historische Schiffe wie das U-Boot „Lembit“ und den Eisbrecher „Suur-Töll“ zeigt. Vorbei am alten Fischhafen paddelt man zum Katariina Pier auf der Halbinsel Paljassaare; der Pikakari-Strand war lange militärisches Sperrgebiet, erfreut sich bei den Tallinnern aber zunehmender Beliebtheit. Auf dem Rückweg beeindruckt die Silhouette von Tallinn mit den mittelalterlichen Kirchtürmen und der Stadtmauer – ein grandioser Anblick!

Weitere Informationen

Der Ausflug zu den Tallinner Häfen, der sich auch für Anfänger eignet, dauert 3 bis 4 Stunden und wird in der Regel täglich angeboten. Der Preis beträgt ca. 30 €.

Mehr Informationen zu dieser und anderen Kajaktouren sowie Möglichkeiten zur Buchung bei: 360 Kraadi, Tel. 513 71 41, www.360.ee

Unterwegs passiert man auch tolle Strände.

Von rauer, schlichter Schönheit

Kaum hat man auf der „Via Baltica“ die Grenze zwischen Lettland und Estland überquert, fühlt man sich wie in Skandinavien. Schnurgerade führt die Straße durch einsame nordische Wälder, am Wegesrand liegen nur wenige Gehöfte. Auch die blauen Kilometer- sowie die Orts- und Kommunenschilder haben sich die Esten bei ihren skandinavischen Nachbarn abgeschaut. Belebend fürs Auge wirken die schmucken, in kräftigen nordischen Farben gestrichenen estnischen Holzhäuser.

Zwischen Estland und Russland erstreckt sich der fünftgrößte See Europas, der 3555 km² große Peipussee.

Die Katharinenkirche in Pärnu

Badefreuden am Strand von Pärnu

Heute geliebt und gepflegt, genau wie das Städtchen: ein sowjetischer Oldtimer in einem der reizvollen Gässchen von Pärnu

Die Sportgeräte am Strand von Pärnu laden zu Spiel und Spaß ein.

Ein einfaches *tere* oder auch das längere *tere tulemast* als Willkommensgruß geht uns relativ leicht über die Lippen; auch *terviseks*, was so viel wie „Prost" bedeutet, ist noch eingängig. Viel mehr werden die meisten Estlandbesucher am Ende ihres Urlaubs allerdings wohl nicht beherrschen, denn das Estnische ist eine ganz eigene und recht schwierig zu erlernde Sprache, die recht eng mit dem Finnischen und entfernt mit dem Ungarischen verwandt ist. Man hat das Gefühl, ausschließlich Worte aus Vokalen zu hören, die nicht mal im Entferntesten mit Bekanntem in Verbindung gebracht werden können. Eigentlich schade, denn wer dem Estnischen einmal genauer lauscht, wird feststellen, dass es überaus melodisch klingt.

Zu Sowjetzeiten wurden die verschiedenen Landessprachen in allen drei baltischen Staaten gezielt unterdrückt. Russisch war die alleinige Amtssprache, und deshalb gab es zum Zeitpunkt der Unabhängigkeit hier im Land nur noch knapp zwei Drittel Estnischsprachige.

Auch wenn die Esten Fremdsprachen gegenüber sehr aufgeschlossen sind und mit dem englischen *Welcome to Estonia* für sich werben, betrachten sie ihre Muttersprache doch als einen ganz wichtigen Teil ihres Selbstverständnisses, ihrer nationalen Identität.

Ein Land, drei Hauptstädte

Estland, mit rund 1,3 Millionen (sich auf eine Fläche von 45 339 km² verteilenden) Einwohner eines der kleinsten Länder in Europa, leistet sich den Luxus von gleich drei Hauptstädten – zumindest inoffiziell. Natürlich ist Tallinn die offizielle Hauptstadt, doch fragt man einen Esten nach der Winterhauptstadt seines Landes, lautet die Antwort Otepää, und bei der Frage nach der Sommerhauptstadt wird er bestimmt Pärnu nennen.

Das kleine Städtchen Otepää, im Südosten inmitten einer wald- und seenreichen Hügellandschaft gelegen, verwandelt sich im Winter in eine schneebedeckte Freiluftarena zum Skifahren, Rodeln, Eisangeln oder Schlittschuhlaufen. Die Šmigun-Schwestern Kristina und Katrin haben hier ihre ersten Trainingskilometer absolviert. Kristina, die ältere und erfolgreichere von beiden, gilt spätestens seit ihrem doppelten Olympiagold im Jahr 2006 in Turin als Nationalheldin, denn Skilanglauf zählt zu den beliebtesten Sportarten in Estland. Aber auch diejenigen, die Sport nur zum Spaß betreiben, kommen in Otepää das ganze Jahr über auf ihre Kosten: Im Winter locken die Loipen, im Sommer lädt der See zum Baden ein. Auf Radwegen und ruhigen Straßen kann man ihn bequem mit dem Fahrrad oder zu Fuß umrunden, aber auch längere Touren in die Umgebung unternehmen.

Pärnu hat alles, was eine Sommerhauptstadt braucht.

Sonne, Strand und Schlamm

Pärnu hat alles, was eine Sommerhauptstadt braucht: einen kilometerlangen feinsandigen Strand, einen Kurpark mit sattgrünem Rasen, alten Bäumen und Bänken zum Ausruhen sowie jede Menge Hotels und Sanatorien, in denen man sich verwöhnen oder heilen lassen kann. Was der Lido für Italien und Nizza für

Auf Saaremaa, der größten Insel Estlands, stehen noch einige sogenannte Bockwindmühlen. Diese gelten als ältester Windmühlentyp Europas. Der Name bezieht sich auf das hölzerne Stützgestell („Bockgerüst").

Das optische Antlitz Saaremaas ist bäuerlich geprägt – hier zu sehen im Bauernhofmuseum Mihkli im Westen der den Rigaischen Meerbusen begrenzenden Insel.

Auf der Insel Muhu verwendet man Reet, um die typischen Inselhäuser zu decken.

Estland wird umgebaut: Das Denkmal am Hafen des Kurortes Kuressaare auf der Insel Saaremaa demonstriert die neuen Entwicklungen.

Krater von Kaali

Special

Meteoritenschauer

Viele Mythen und Legenden ranken sich um die Entstehung eines kreisrunden Sees in der Nähe der Stadt Kuressaare.
Der mit grünem Wasser gefüllte See von 110 m Durchmesser liegt inmitten einer üppigen Vegetation auf der Insel Saaremaa und ist von einem 16 m hohen Wall umgeben. Seine Entstehung war Gegenstand zahlreicher Spekulationen, bis der Geologe Ivan Reinwald 1937 bewies, dass es sich um einen Meteoritenkrater handelt. Ein 80 t schwerer Eisenmeteorit soll hier vor rund 3000 Jahren eingeschlagen sein. Beim Eintritt in die Erdatmosphäre zerbrach der riesige Himmelskörper in mehrere Teile und ging als Meteoritenschauer nieder; dieser verursachte im Umfeld des Hauptkraters noch acht weitere, allerdings weniger auffällige Nebenkrater.

Frankreich, ist Pärnu für Estland: die traditionsreichste und wichtigste Sommerfrische. In der nach Süden hin geöffneten flachen Bucht erreicht das Ostseewasser, begünstigt durch die lange Sonnenscheindauer während des nordischen Sommers, durchaus erträgliche Badetemperaturen. Doch die Pärnuer haben schon früh verstanden, ihren Gästen mehr als nur Strand zu bieten. Bereits im Jahr 1838 wurde aus einem Wirtshaus eine Badeanstalt, in der sich die Gäste in Badewannen mit angewärmtem Seewasser entspannen konnten. Damit hatte man ein Schlechtwetterangebot und konnte die nur drei Monate währende Badesaison verlängern. Die goldene Zeit Pärnus war zwar mit dem Zweiten Weltkrieg, dem große Teile der Stadt zum Opfer fielen, schlagartig vorbei, doch schon kurz nach Kriegsende strömten neue Kurgäste herbei – diesmal aus Moskau und Leningrad. Heute bemüht sich der Ort wieder um internationale Gäste, die sich in den modernen Kur- und Rehaeinrichtungen so richtig verwöhnen lassen möchten.

Saaremaa, die vergessene Insel

Auf dem Marktplatz von Kuressaare zählen Kerzenhalter, Döschen, Eier, Schüsseln und Untersetzer aus poliertem Dolomit zu den gefragtesten Souvenirs. Doch der Dolomit aus Saaremaa, ein wetterfester und gut zu bearbeitender Stein mit feiner Zeichnung, ist nicht nur als Andenken gefragt. Schon im 13. Jahrhundert hat man ihn zum Bau von Wohnhäusern und Kirchen genutzt. So wurde er in der Bischofsburg verbaut; auch in Kuressaares Altstadt sind zahlreiche Portale, Säulen, Gesimse, Treppen und Zäune aus Dolomit zu bewundern.

Saaremaa, die größte estnische Ostseeinsel, ist zwar nur eine kurze Fährüberfahrt vom Festland entfernt, scheint aber immer noch in einer anderen Ära zu verharren. Zu Sowjetzeiten war sie ein hermetisch abgeriegeltes militärisches Sperrgebiet, das auch Esten nur mit Visum betreten durften. In dieser Abgeschiedenheit blieb ein beschauliches Naturparadies erhalten, das der Massentourismus noch nicht entdeckt hat. Wer hier von der Fähre rollt, fährt Kilometer um Kilometer durch eine äußerst dünn besiedelte Landschaft, durch Moore, Kiefern- und Birkenwälder. Hin und wieder ein einsamer Bauernhof, eine Windmühle oder eine kleine mittelalterliche Kirche sind die spärlichen Spuren menschlichen Wirkens, die man entdeckt, bevor man die einzige Stadt Kuressaare erreicht.

Nach Kuressaare kommen Auswärtige vor allem wegen der Bischofsburg aus dem 13. Jahrhundert: Nachdem sie Deutsche, Dänen, Schweden und Russen als

Die Bucht von Käsmu besticht durch die schlichte Schönheit der hiesigen Natur.

An der Kunda-Bucht können sich kleine Kapitäne auf einer Spiel-Kogge
auf ein Leben auf hoher See vorbereiten.

Auch das ist Tartu: Stimmungsvolle Atmosphäre in der malerischen Altstadt

Studenten vor der Universität Tartu, der ältesten und einzigen Volluniversität Estlands

Herrscher erdulden musste, haben die Insulaner ihr Kleinod jetzt wieder für sich und ihre Besucher. Denn anders als in manch anderer Stadt verließen fast alle Russen nach der Unabhängigkeit die Insel. So kann sich Saaremaa mit der typisch estnischen Bedächtigkeit auf den Weg in die Zukunft machen und sich dabei an die wohltuende Wirkung des Heilschlamms erinnern sowie an die Zeit, als Kuressaare ein geschätzter Kurort war. Neue Kurhotels wurden zwar gebaut, doch die Stille der Insel stören sie nicht.

Spielball der Geschichte

Narva, seit Jahrhunderten Grenzstadt, hat vom schwunghaften Handel profitiert und unter zahlreichen Kriegen gelitten: Kaum sonstwo in Europa trafen abend-

Russisch ist in Narva nach wie vor die meistgesprochene Sprache.

ländische Kultur und der Osten so unmittelbar aufeinander. Zu beiden Seiten des hier vergleichsweise schmalen Flusses wurden mächtige Festungen errichtet, um den jeweils eigenen Machtanspruch zu dokumentieren – von Dänen und Deutschen die Hermannsburg, die von den Griechen entworfene Festung Iwangorod auf russischer Seite. Auch im Zweiten Weltkrieg blieb die Stadt, die einst ein architektonisches Kleinod war, ein Opfer der Geschichte: Plattenbauten bestimmen das urbane Bild, die Festungen wurden jedoch als Symbole von Ost und West wieder aufgebaut.

Heute ist Narva anders als alle anderen estnischen Städte; die Bevölkerung besteht fast ausschließlich aus Russen, was nicht unproblematisch ist. Sie kamen während der sowjetischen Zeit, um in den Kraftwerken und der Textilfabrik Geld zu verdienen. Nach der Unabhängigkeit blieben die meisten, obwohl die Brücke über die Narva nun eine internationale Grenze war, mittlerweile die Ost-

Aus dem Fischerdorf Käsmu, idyllisch an einer Ostseebucht gelegen, kamen im 19. und 20. Jh. viele estnische Kapitäne, die auf allen Weltmeeren unterwegs waren.

Das Kloster von Kuremäe

Special

Wie in einer anderen Welt

Das Kloster auf einem Hügel bei dem kleinen Ort Kuremäe, auf halbem Weg zwischen Kothla-Järve und Vasknarva, wurde 1892 im russischen Stil erbaut und ist das einzige russisch-orthodoxe Nonnenkloster Estlands.

Der ganze Gebäudekomplex mit seinen Kirchen und der mit Zwiebeltürmen verzierten Himmelfahrtskathedrale ist von einer hohen Feldsteinmauer mit Türmen umgeben und wirkt wie eine Filmkulisse. In der weitläufigen, gepflegten Anlage leben heute über 100 Nonnen, die sich selbst versorgen. Nur hin und wieder sieht man eine von ihnen

Gartenarbeit im Kloster von Kuremäe.

bei der Rosenzucht oder beim Holzhacken, ansonsten strahlt der Ort selbst am Wochenende, wenn das Kloster voller Besucher ist, vor allem Ruhe und Gelassenheit aus. Interessierte können sich nach Voranmeldung eine Einführung in das Klosterleben und den russisch-orthodoxen Glauben geben lassen.

grenze der Europäischen Union. So ist Russisch nach wie vor die meistgesprochene Sprache in Narva. Auch von der Leninstatue konnte man sich noch nicht gänzlich trennen. Man hat sie in einer Ecke des Festungshofes wieder aufgerichtet, wo der kommunistische Vordenker mit ausgestrecktem Arm symbolträchtig in Richtung Russland zeigt.

Im Land der Buchten

Schon wenige Kilometer außerhalb Tallinns bekommt man einen Eindruck davon, wie dünn Estland besiedelt ist: Auf einen Quadratkilometer Fläche verteilen sich hier 28 Einwohner. Mit seinen Wiesen und Mooren, herrlichen Sandstränden und verschlafenen Dörfern zählt der Lahemaa-Nationalpark zu den schönsten Flecken Estlands. Halbinseln und Buchten gliedern die Küste, doch den eigentümlichen Reiz Lahemaas machen die oft riesigen eiszeitlichen Findlingsblöcke aus, die überall herumliegen. Auch in Käsmu, dem Dorf der Kapitäne, die einst auf allen Weltmeeren zu Hause waren, liegen sie ungeordnet am Straßenrand. Läuft man ein Stück auf die Landzunge hinaus, ragen sie überall aus dem flachen Wasser – wie auf einem Spielplatz von Trollen. Stundenlang kann man an dieser magischen Küste entlangstreifen, in den Wäldern nach Pilzen, aber auch nach Spuren von Bibern, Elchen, Luchsen und Bären suchen oder mehr als 200 verschiedene Vogelarten beobachten.

Neues Leben in alten Gemächern

Inmitten dieser Natur liegen einige der schönsten Herrenhäuser Estlands, errichtet vom deutschbaltischen Adel im 18. und 19. Jahrhundert. Das Schmuckstück ist Palmse, einst Sitz der Familie von Pahlen, mit seinem tadellos hergerichteten barocken Haupthaus und dem Park mit Teichen und Pavillons. Aber auch Vihula und Sagadi sind mittlerweile zu neuem Leben erwacht. Nur dem klassizistischen Hauptgebäude von Kolga sieht man die Härten der Geschichte immer noch deutlich an.

Rundum wohlfühlen

Schön & gut

Im gesamten Baltikum haben vor allem Heilschlammanwendungen eine lange Tradition. In Estland sind Haapsalu, Pärnu, Kuressaare und Narva-Jõesuu traditionsreiche Kurorte, in Lettland Jūrmala in der Nähe von Riga, in Litauen Palanga, Druskininkai und Birštonas. Hier zeigen wir Ihnen die besten Orte für ein Rundum-Wohlfühlprogramm.

1 Gospa Georg Ots Spa Hotel

Die grüne Insel Saaremaa bietet alles, was man für einen erholsamen Aufenthalt braucht. Das Georg Ots Spa liegt im ruhigen Hauptort Kuressaare, von den modernen Zimmern mit Balkon blickt man aufs Meer und die mittelalterliche Burg; auch zur Strandpromenade sind es nur einige wenige Schritte. In diesem Hotel sind auch Familien mit Kindern willkommen, die Kleinen bekommen ihr eigenes Programm, damit die Eltern sich möglichst oft in Ruhe entspannen können.

Tori 2,
93810 Kuressaare,
Saaremaa, Estland,
Tel. 455 00 00,
www.gospa.ee

2 Estonia Resort Hotel & SPA

Das im Jahr 2015 in der estnischen Sommerhauptstadt Pärnu eröffnete SPA-Hotel bietet in seinen gut 100 Zimmern einen angenehmen Vier-Sterne-Komfort. Neben der modernen Architektur und der oft minimalistischen Einrichtung sorgt die Farbharmonie für Wohlbefinden, in einigen Bereichen wurden auch Naturmaterialien integriert. Acht Saunen, Pool und Hot Pots im Außenbereich sind ebenso selbstverständlich wie sämtliche traditionelle SPA-Anwendungen und Yoga-Kurse.

A.H. Tammsaare pst 4a/6,
80010 Pärnu, Estland,
Tel. 447 69 05,
www.spaestonia.ee/resort

3 Fra Mare Thalasso SPA

Der ein- und zweistöckige Gebäudekomplex befindet sich etwas außerhalb vom Zentrum von Haapsalu. Vom Außenpool blickt man direkt auf die flache Badebucht mit Sandstrand. Im Fra Mare liegt der Schwerpunkt auf Kuren und Rehabilitation unter ärztlicher Betreuung. Von besonderer Bedeutung ist die Thalassotherapie mit Heilschlamm, dessen lindernde Wirkung schon die Adligen im russischen Zarenreich zu schätzen wussten.

Ranna tee 2, 90403
Haapsalu, Estland,
Tel. 472 46 00,
www.framare.ee

4 Baltic Beach Hotel & SPA

Der kilometerlange Sandstrand im lettischen Jūrmala zählt zu den schönsten des gesamten Baltikums. Das Baltic Beach ist das einzige große Hotel, das direkt am Strand liegt. So genießt man von den meisten Zimmern mit Balkon oder Terrasse einen zumindest seitlichen, von einigen auch einen direkten Blick aufs Meer. Privatstrand, 25-m-Meerwasser-Pool, alle medizinischen SPA-Anwendungen sowie zwei Restaurants stehen den Gästen zur Verfügung. Der insgesamt gehobene Standard bedingt ebensolche Preise.

23/25 Juras iela, Majori, 2015 Jūrmala, Lettland, Tel. 677 7 14 00, www.balticbeach.lv

5 Mārcienas Muiža

In diesem Gutshof im Herzen Lettlands ist alles authentisch – von der Treppe über die Öfen und die Kamine bis hin zu den Antiquitäten. Hier würde man sich nicht wundern, wenn der Baron und die Baronin höchstpersönlich die Gäste begrüßten. So machen SPA und Wellness Spaß, vor allem in dem kleinen Saunahaus im Park.

Lejas Patmalnieki, Mārcienas pagasts, 4852 Madonas novads, Lettland, Tel. 648 0 73 00, www.marciena.eu/de

6 Aquapark Hotel SPA

Der Aquapark im litauischen Druskininkai bietet tropisches Badevergnügen unter Palmen in drei verschiedenen Pools. Das Besondere sind aber die mehr als 20 verschiedenen Saunen aus aller Welt. Im SPA-Zentrum des Hotels kann man zwischen 50 verschiedenen Anwendungen wählen.

Vilniaus Ave 13, 66119 Druskininkai, Litauen, Tel. 313 5 23 38, http://akvapark.lt

7 Medea SPA Hotel

Die kleine Anlage im litauischen Druskininkai besteht aus 19 modernen Appartements, jedes mit Bad oder Dusche. Einige sind zusätzlich mit Küche und Jacuzzi ausgestattet – ideal für Familien. Verschiedene SPA-Pakete für einen, zwei oder sieben Tage stehen zur Auswahl sowie diverse medizinische Anwendungen.

Sveikatos g. 34, 66251 Druskininkai, Litauen, Tel. 615 1 23 11, http://medeahotel.lt

8 Hotel Vanagupe

Das 5-Sterne-Hotel mit rund 100 Zimmern liegt im bekanntesten litauischen Badeort Palanga. Im Golden SPA kann man zwischen rund 80 verschiedenen Anwendungen wählen, darunter sind ayurvedische Massagen, Heilschlamm- und Algen-Behandlungen. Außerdem können drei Pools sowie vier verschiedene Saunen genutzt werden.

Vanagupės g. 31, 00169 Palanga, Litauen, Tel. 460 4 94 09, http://vanagupe.lt

Maßstab 1:1.700.000
0
40 km
1
2
3
4
5
6
TALLINN
Naissaar s.
Prangli s.
Maardu
Leesi
Loksa
Pärispea
Käsmu
Vergi
Hara laht
Lahemaa rahvuspark
Kunda laht
Kunda
Viitna
Haljala
Rakvere
Kuusalu
Kehra
Aegviidu
Tapa
Kohtla-Järve
Sillamäe
Narva laht
Narva-Jõesuu
Narva
Ivangorod
Kingisepp
Jõhvi
Vaivara
Vasknarva
Kiviõli
Tudu
Iisaku
Kauksi
Mustvee
Peipsi
Pandiver korgendik
Väike-Maarja
Tamsalu
Simuna
Avinurme
Järva-Jaani
Aravete
Kose
Kohila
Rapla
Paide
Türi
Märjamaa
Järvakandi
Paldiski
Keila
Turba
Risti
Vormsi s.
Sviby
Riguldi
Haapsalu
Rohuküla
Heltermaa
Hiiumaa s.
Kärdla
Luidja
Kalana
Käina
Emmaste
Muhu s.
Suur Väin
Soela väin
Matsalu
Lihula
Virtsu
Kuivastu
Orissaare
Leisi
Võhma
Mustjala
Kõruse
Kihelkonna
Vilsandi rahvuspark
Kaali
Kärla
Kuressaare
Tehumardi
Saaremaa s.
Sõrve poolsaar
Sääre
Kura kurk
Ruhnu s.
Kihnu s.
Kihnu Väin
Liivi laht
Pärnu laht
Pärnu
Pärnu-Jaagupi
Audru
Tõstamaa
Kalli
Sindi
Vändra
Soomaa rahvuspark
Kilingi-Nõmme
Häädemeeste
Luitemaa looduskaitseala
Mõisaküla
Viljandi
Võhma
Suure-Jaani
Kolga-Jaani
Põltsamaa
Jõgeva
Puiatu
Võrtsjärv
Tartu
TARTU
Puhja
Elva
Rõngu
Otepää korgendik
Kanepi
Põlva
Räpina
Meeksi
Karilatsi
Alatskivi
Varnja
Pikasilla
Mustla
Karksi-Nuia
Tõrva
Sakala korgendik
Valga
Valka
Võru
Antsla
Haanja Kõrgendik
Luhamaa
Karula rahvuspark
Pskovskoe ozero
Čudskoe ozero
PSKOV
Pečory
Izborsk
ROSSIJA
Slancy
Gdov
Luzskaja vozv.
Ostrov
EESTI
LATVIJA
Ainaži
Salacgrīva
Staicele
Aloja
Rūjiena
Limbaži
Valmiera
Strenči
Smiltene
Cēsis
Gaujas nac. parks
Sigulda
Saulkrasti
Carnikava
RĪGA
Jūrmala
Kemeru nac. parks
Rīgas līcis
Irbes Šaurums
Kolka
Slīteres nac. parks
Roja
Dundaga
Mazirbe
Ventspils
Talsi
Tukums
Kandava
Kuldīga
Alūksne
Gulbene
Balvi
Engure
Ovišrags

Wälder und Seen

In keinem anderen baltischen Land schnuppert man so viel Seeluft. An der Küste und auf den Inseln warten einsame Strände und Klippen. Außerdem gibt es Wälder, Moore, Burgen, Festungen und Gutshöfe, die von einer bewegten Vergangenheit erzählen.

1 Lahemaa · Palmse

Die Küstenregion 40 km östlich von Tallinn wurde im Jahr 1971 zum Nationalpark erklärt und ist ideal zum Wandern und Radeln in unberührter Natur.

SEHENSWERT

Bis 1923 residierten die deutsch-baltischen Gutsherren von der Pahlen auf dem **Gutshof Palmse**. Das Wohnhaus im Barockstil ist mit erlesenen Möbeln ausgestattet, die aber nicht von der Gutsherrenfamilie stammen (Tel. 324 00 70, www.palmse.ee, Mai–Sept. tgl. 10.00 bis 19.00, sonst nur bis 18.00 Uhr). Wirtschaftsgebäude, Brauerei, Schmiede und Badehaus sind wie der Park mit alten Bäumen, Teichen und Palmenhaus gut erhalten.

Tipp

Schönster See

In der Umgebung von Otepää gibt es über 100 Seen, der bekannteste und schönste ist der **Pühajärv**, der heilige See. Der Legende nach soll er aus den Tränen einer trauernden Mutter entstanden sein, deren fünf Söhne im Krieg gefallen sind. Die Inseln im See sind die Grabhügel der Toten. Ein rund 12 km langer Wanderweg führt um den See, ein guter Ausgangspunkt ist der Otepää-Naturpark am Nordostufer. Etwa nach der Hälfte bietet sich vom Turm auf dem *Hobustemägi*, dem Pferdeberg, ein schöner Ausblick auf den See. Eine gute Bademöglichkeit bietet der Pühajärv-Strand.

Diese – symbolträchtig mit der rechten Hand nach Russland weisende – Leninstatue wurde von ihrem ursprünglichen Platz im Stadtzentrum von Narva in eine Ecke des Burghofes der Hermannsfeste verbannt.

AKTIVITÄTEN

Im **Lahemaa-Nationalpark** TOPZIEL gibt es markierte Wanderwege, z. B. den 3,5 km langen Lehrpfad durch das **Virumoor** bei Kolga (35 km westl.) oder die ca. 14 km lange Umrundung der **Halbinsel** vom Dorf Käsmu (20 km nördl.).

RESTAURANTS

Ganz hervorragend speist man in **Vihula** (siehe Umgebung) – entweder deftig estnisch in der rustikalen Taverne im ehemaligen Eiskeller des Gutshofs oder gediegen im Speisesaal des Haupthauses (www.vihulamanor.com).

UNTERKÜNFTE

Für das **Park Hotel Palmse** wurde die einstige Schnapsbrennerei des Gutshofs umgebaut (moderne Zimmer in skandinavischem Stil, Tel. 322 36 26, www.phpalmse.ee). In Võsu kann man in der komfortablen **Pension Rannaliiv** wohnen (Aia tn. 4, Tel. 323 84 56, www.rannaliiv.ee).

UMGEBUNG

Das Haupthaus des **Gutshofes Sagadi** (12 km östl. von Palmse) ist von außen zu besichtigen; in den Nebengebäuden befindet sich ein Hotel (Tel. 676 78 88, www.sagadi.ee). Das **Gut Vihula** (25 km östl.) ist in Privatbesitz und wurde aufwendig restauriert. Das Vihula Manor Country Club & Spa Hotel ist ideal für anspruchsvolle Gäste (www.vihulamanor.com, Tel. 326 41 00). **Võsu** (10 km nördl.) besitzt alte Holzhäuser und einen Strand. Die Ruine der Ordensburg aus dem 13. Jh. ist die größte Attraktion von **Rakvere** (35 km südöstl.); die Burg wurde im 17. und 18. Jh. als Steinbruch genutzt, erst in den 1970er-Jahren begann man sie zu sanieren (www.svm.ee, Mai–Sept. tgl. 10.00–19.00, sonst Mi.–So. 10.00–16.00 Uhr). Wie die Trinitatiskirche aus dem 17. Jh. ist auch die Ruine schon aus der Ferne zu sehen.

INFORMATION

Lahemaa Rahvuspargi Looduskeskus (Nationalparkzentrum Palmse), Palmse, EE-45435 Vihula vald, Tel. 329 55 55, www.keskkonnaamet.ee

2 Narva

Narva ist mit 58 000 Einw. die drittgrößte Stadt Estlands nach Tallinn und Tartu. Während des Zweiten Weltkriegs wurde sie weitgehend zerstört, nur wenige Gebäude sind erhalten. 96 % der Einwohner Narvas sind Russen. Die Industrialisierung brachte in Stadt und Umgebung ökologische Probleme mit sich.

SEHENSWERT

Im Stil des nordischen Barock blieb das **Rathaus** von 1668 erhalten. Die im 13. Jh. als Holzbau begonnene **Hermannsfeste** TOPZIEL hat ihren Namen vom Nordwestturm, dem „Langen Hermann". Als die Russen die Festung Ivangorod bauten, stockte man den Turm bis auf 50 m auf, um verfolgen zu können, was auf der anderen Flussseite geschah. Drinnen ist das Stadtmuseum untergebracht, das einen geschichtlichen Überblick gibt (Tel. 359 92 30, www.narvamuuseum.ee, tgl. 10.00–18.00 Uhr). In der **Kunstgalerie** in einem Haus aus dem 18. Jh. stellen hiesige und ausländische Künstler aus (Vestervalli 21, www.narvamuuseum.ee, tgl. 10.00–18.00 Uhr).

RESTAURANT
Das **Narva Restaurant** im gleichnamigen Hotel liegt an der Hauptstraße (Puškini 6, Tel. 359 96 00, www.narvahotell.ee).

UNTERKUNFT
Das moderne **Toila Spa Hotell** liegt oberhalb der Steilküste. Der naturbelassene Sandstrand ist schmal, aber gut für Spaziergänge (Toila, Ranna 12, Tel. 334 29 00, www.toilaspa.ee).

UMGEBUNG
14 km nordwestlich an einem schönen Sandstrand liegt der Kurort Narva-Jõesuu; allerdings ist hier die Wasserqualität wegen der Nähe zu den vielen Industriebetrieben nicht gut. Die bis zu 50 m hohe Steilküste zwischen **Toila** und Ontika zählt zu den schönsten Estlands. Zwischen Valaste und Ontika gibt es einen 20 m hohen Wasserfall. Rund um die Industriestadt **Kohtla-Järve** wurde jahrzehntelang Ölschiefer abgebaut und in Kraftwerken ohne Filter verfeuert. Wer einen Abstecher nach **St. Petersburg** machen möchte, das mit dem Bus in rund 2,5 Stunden zu erreichen ist, muss sich bereits daheim ein russisches Visum besorgen.

INFORMATION
Turismiinfokeskus, Peetri plats 3, EE-20308 Narva, Tel. 359 91 37, http://tourism.narva.ee

3 Tartu

Die älteste Stadt Estlands (rund 100 000 Einw.) liegt am Emajõgi-Fluss und ist Sitz der 1632 vom schwedischen König Gustav II. Adolf gegründeten ältesten Universität des Landes. 1869 fand hier das erste Sängerfest statt. Heute hat Tartu ein buntes kulturelles Leben, viel Flair und eine quirlig-junge Freizeitszene.

SEHENSWERT
Das Stadtbild ist geprägt von klassizistischen Häusern, die schönsten aus dem 18. Jh. stehen am **Rathausplatz.** Auch das Hauptgebäude der **Universität** (1809) ist sehenswert. Die **Johanniskirche** stammt aus dem 14. Jh. und zählt wegen der rund 200 Terrakottafiguren zu den bedeutendsten Backsteinkirchen Estlands. Im **Park auf dem Domberg** stehen Denkmäler bekannter Wissenschaftler, die Reste der mittelalterlichen Domkirche (13. Jh.) und das einst weltberühmte Observatorium (1810).

Oben: Wahrzeichen von Kuressaare auf der Insel Saaremaa ist seine Bischofsburg. Rechts: ein modernes College-Gebäude auf dem Campus der Universität von Tartu

MUSEEN
Das **Estnische Volkskundemuseum** zeigt Ethno- und Kulturgeschichte (www.erm.ee). Das **Kunstmuseum** widmet sich dem 20. Jh. (Raekoja plats 18; www.tartmus.ee, Mi.–So. 11.00–18.00, Do. bis 21.00 Uhr). Im **Stadtmuseum** erfährt man Wissenswertes zur Geschichte Tartus (Narva mnt. 23, http://linnamuuseum.tartu.ee, Di.–Sa. 11.00–18.00 Uhr). Das **Kunstmuseum der Universität Tartu** ist das älteste Museum Estlands und zeigt Kopien antiker Plastiken sowie wechselnde Ausstellungen (Ülikooli 18; www.kunstimuuseum.ut.ee, Mai–Sept. Mo.–Sa. 10.00–18.00, sonst Mo.–Fr. 11.00–17.00 Uhr). Im **Brauereimuseum** kann man sich von der Qualität des A.-le-Coq-Biers überzeugen (Laulupeo puiestee; www.alecoq.ee, Di.–Sa. 9.00–17.00, Führungen Do. 14.00, Sa. 10.00, 12.00, 14.00 Uhr).

RESTAURANTS
Das **Atlantis** in einem 1970er-Jahre-Bau am Fluss bietet Ausblick und Terrasse (mit Nachtclub, Bootsverleih; Narva mnt. 2, Tel. 738 54 95; www.atlantis.ee). Rustikal und gemütlich sind die Gewölbe im **Püssirohukelder**; deftiges Essen (Lossi 28, Tel. 730 35 55; www.pyss.ee).

UNTERKÜNFTE
Außen ist das **Hotell Pallas** keine Schönheit, innen aber ein sehenswertes Kunsthotel mit eigenwilligen Zimmern (besonders Nr. 401, 403, 500, 501 und 503; Riia 4, Tel. 730 12 00, www.pallas.ee). Das **Hotel Karupesa** ist skandinavisch eingerichtet und ideal für Winterurlauber, denn die Loipen beginnen gleich hier (Otepää, Tehvandi 1a, Tel. 766 15 00, www.karupesa.ee).

UMGEBUNG
Otepää (35 km südl.) ist das Zentrum des Hochlands. Der höchste Punkt Suur-Munamägi (318 m) liegt südöstlich. Die wald- und seenreiche Region ist im Winter ein Wintersport-, im Sommer ein Wandergebiet. **Viljandi** (125 km westl.) war ab dem 14. Jh. Hansemitglied. Heute locken alte Holzhäuser, das Stadtmuseum (Kindral Laidoneri plats 10, www.muuseum.viljandimaa.ee; Mai–Aug. tgl. 11.00–18.00, Sept. bis Dez./April Di.–Sa. 10.00–17.00 Uhr, sonst nach Vereinbarung) und die Ruine der Ordensburg (urspr. 13. Jh.).

INFORMATION
Tartu Linna ja Maakonna Turismiinfo, Raekoda (Rathaus), 50089 Tartu, Tel. 744 21 11, www.tartu.ee, www.visittartu.com

Tipp

Am Peipus-See

In der Mitte des 140 km langen und 50 km breiten Sees verläuft die Grenze zwischen Estland und Russland. Da er nur wenige Meter tief ist, erwärmt sich sein Wasser im Sommer schnell. An seinem Nordufer gibt es einen schönen Sandstrand: menschenleer, mit Dünen und Wald als Kulisse. Der Tourismus steckt hier noch in den Kinderschuhen. Recht gut wohnt man im Suvi Motell, östlich von Kauksi, mitten im Wald und nur wenige Meter vom Strand entfernt.

WEITERE INFORMATIONEN
Tel. 339 31 19, www.peipsi-suvi.ee

4 Pärnu

Die viertgrößte Stadt Estlands gehörte schon zu Litauen, Polen, Schweden, Deutschland und Russland. Im 14. Jh. trat sie der Hanse bei, ab 1838 erwarb sie sich einen Ruf als Kurort.

SEHENSWERT
Sehenswert sind der **Rote Turm**, Teile der Bastion und des Stadtgrabens und das **Tallinner Tor**. **Elisabethkirche** und **Katharinenkirche** stammen aus dem 18. Jh.

UNTERKÜNFTE
Ruhig und modern ist das Stadthotel **Victoria** (Kuninga 25, Tel. 444 34 12, www.victoriahotel.ee). Abgelegen, aber direkt am Meer wohnt man im **Lepanina Hotell** (Kabli küla, Häädemeeste vald, Tel. 446 50 24, www.lepanina.ee).

UMGEBUNG
Der 370 km² große **Soomaa-Nationalpark** östlich von Pärnu wird durch die Hochmoore der Pärnu-Niederung gebildet. Heide, Kiefern-, Bruch- und Moorwälder prägen die Landschaft – toll für Kanufahrer und Naturfans (Toureninfos u. a. unter www.soomaa.com).

INFORMATION
Pärnu Visitor Centre, Uus 4, EE-80010 Pärnu, Tel. 447 30 00, www.parnu.ee

5 Saaremaa · Kuressaare

Estlands größte Insel war lange Sperrgebiet. Dünn besiedelt – halb Wald, halb Wiesen und Äcker –, bietet sich die Idylle zum Erholen an.

SEHENSWERT/MUSEUM
Einzige größere Siedlung ist **Kuressaare** mit der Altstadt und der **Bischofsburg** aus dem 14. Jh. In der Burg präsentiert das **Saaremaa-Museum** die Inselgeschichte (www.saaremaa muuseum.ee; Mai–Aug. tgl. 10.00–19.00, sonst Mi.–So. 11.00–18.00 Uhr).

RESTAURANT
Im **Vaekoja Pub** kann man auch draußen am Rathausplatz sitzen (Tallinna tn. 3, Tel. 453 30 20, http://vaekoda.ee).

UMGEBUNG
Nahe Angla gibt es vier **Bockwindmühlen**, in Karja (35 km nördl.) eine **Wehrkirche** mit ungewöhnlichen Fresken. Die Westküste ist als **Vilsandi-Nationalpark** geschützt. Auf dem Weg liegt das museale Dorf **Viki** (3 km südöstl.).

INFORMATION
Turismiinfo, Tallinna tn. 2, EE-93819 Kuressaare, Tel. 455 05 00, www.saaremaa.ee, www.kuressaare.ee

6 Haapsalu

Die Blüte Haapsalus als bekannter Kurort begann 1805. Noch heute hat die Stadt Charme. Verwinkelte Gassen, Alleen und Häuser aus dem 19. Jh. erinnern an die noblen Jahre.

SEHENSWERT
Beim Bummel durch die **Altstadt** und an der **Uferpromenade** hat sich schon Tschaikowsky inspirieren lassen. Im Zentrum steht die Ruine der einstigen **Bischofsburg** aus dem 13. Jh.; Domkirche und Wachturm können besichtigt werden (www.haapsalulinnus.ee, Mai–Aug. tgl. 10.00–18.00, sonst Fr.–So. 11.00–16.00 Uhr). Einst beherbergte das **Kurhaus** ein Warenhaus, heute befindet sich darin ein Café. Der **Bahnhof** aus der Zarenzeit ist ein schönes Holzgebäude.

UNTERKUNFT
Im **SPA Hotell Laine** gibt es gute Wellnessangebote (Sadama 9, Tel. 472 44 40, www.laine.ee).

UMGEBUNG
Auch die zweitgrößte estnische Insel **Hiiumaa** war einst Sperrgebiet. Der einzige größere Ort ist Kärdla. Das Inselinnere bedecken Wälder und Moore, die Küste ist steinig mit wenigen Dünen und Sandstränden. Sehenswert sind der Leuchtturm auf der Tahkuna-Spitze und der Gutshof Suuremõisa westlich des Fährortes.

INFORMATION
Turismiinfo, Karja 15, EE-90502 Haapsalu, Tel. 473 32 48, www.haapsalu.ee, www.visit haapsalu.com

Genießen Erleben Erfahren

DuMont Aktiv

Radfahren auf Hiiumaa

Mit ihren verkehrsarmen, überwiegend asphaltierten Straßen, wenig Autoverkehr und nur kleinen Hügeln ist Hiiumaa ein ideales Revier für Radler. Erschlossen wird die Insel in erster Linie durch eine küstennahe Ringstraße, an der die meisten Orte liegen. Wer nicht mit dem eigenen Rad anreist, kann sich im Fährhafen Heltermaa eines leihen. Dann geht es nach Suremõisa, zum einzigen Schloss auf Hiiumaa, das heute eine Schule ist. Nahe der Ostküste führt die Ringstraße nun nach Kärdla. Obwohl hier rund ein Drittel der Inselbevölkerung wohnt, ist es nur ein großes Dorf. Einzige Sehenswürdigkeit ist das Heimatmuseum.

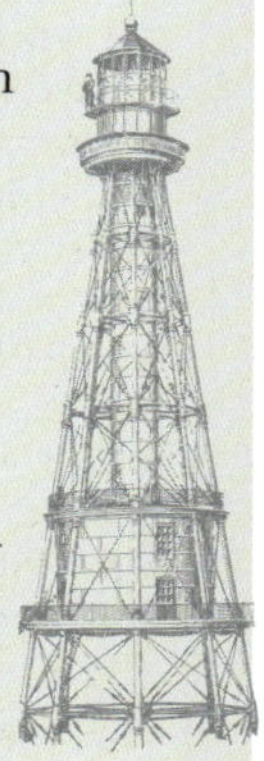

Hinter Kärdla bietet sich ein Abstecher auf die Halbinsel Kõpu an. Hier fährt man auf ruhigen Waldwegen teils dicht am Meer entlang, kann an der Nordspitze den Leuchtturm besichtigen und am schönsten Strand der Insel baden. Ein weiterer Weg führt um die Halbinsel Kõpu und zum drittältesten Leuchtturm der Welt, der schon zu Hansezeiten in Betrieb war. Wer die Tour auf Saaremaa fortsetzen will, kann von Sõru mehrmals täglich dorthin übersetzen. Ansonsten sollte man sich Zeit für einen Besuch der über zwei Dämme mit Hiiumaa verbundenen Insel Kassari nehmen. Ferienhäuser laden hier zu einem Aufenthalt ein. Man kann auch Spaziergänge machen und die schwimmende Sauna besuchen.

Weitere Informationen

Fährverbindungen
Sommer: Rohuküla–Heltermaa und Sõru–Triigi (Saaremaa) mehrmals tgl. (www.tuulelaevad.ee).

Fahrradverleih
Priit Tikka, Heltermaa sadamas, Tel. 56 60 63 77

Es gibt sieben markierte Fahrradrouten. Der 90 km lange Eurovelo 1 führt von Heltermaa nach Sõru und folgt weitgehend der Ringstraße. Die 42 km lange Route 302 schließt den Kreis. Für eine Inselumrundung samt Abstechern sollte man vier Tage einplanen.

Das Paris des Ostens

Die einstige Hansestadt mit ihrem zum UNESCO-Welterbe zählenden historischen Kern ist ein vielfach bestauntes Juwel: Im Sommer kommen die Besucher in Scharen. Angelockt werden sie nicht nur von der vielfältigen Kulturlandschaft mit altem Schloss, stolzem Dom, prächtigen Gildehäusern und als Höhepunkt dem wiederauferstandenen Schwarzhäupterhaus auf dem Rathausplatz, sondern auch von dem pulsierenden Nachtleben.

Jenseits der Daugava überragen die Stadtkirchen Rigas das Dächermeer.

Rigaer Stadtimpressionen: Päuschen in einem der trendigen Cafés, Blick über die Dächer der Metropole, Leckereien in einer Patisserie, Diskonacht in einem der Clubs (im Uhrzeigersinn von ganz oben links)

Bläserständchen vor der Petrikirche. Im Zweiten Weltkrieg wurde das Gotteshaus schwer in Mitleidenschaft gezogen, der Wiederaufbau des Westturms dauerte bis 1973.

Was lag näher, als eine Städtepartnerschaft zwischen Bremen und Riga zu schließen? Bei 800 Jahren gemeinsamer Vergangenheit musste es eine Traumehe werden.

Breit und träge fließt die Daugava unter der *Akmens tilts*, der Steinbrücke, der Ostsee entgegen. Schritt für Schritt kann man sich auf ihr dem einstigen „Paris des Ostens" nähern. Doch wo ist die Ähnlichkeit mit Paris? Hanseatische Backsteintürme überragen das Häusermeer der Altstadt, da könnte schon eher Lübeck Pate beim Bau der Stadt gestanden haben. Aber es waren Bremer Kaufleute und der Bischof Albert von Buxthoeven, die Riga entworfen und zur Hanse gebracht haben. Deshalb sind die Bande zu Bremen so alt wie Riga selbst, gut 800 Jahre. Was lag also näher, als eine Städtepartnerschaft zu schließen? Bei so viel gemeinsamer Vergangenheit musste es eine Traumehe werden. Beide Hansestädte liegen an einem Fluss, haben einen stattlichen Dom, eindrucksvolle Gilde- und Bürgerhäuser sowie einen Roland. Mittlerweile stehen sogar die Bremer Stadtmusikanten bei der Petrikirche – ein Geschenk aus Deutschland.

Nach den Zeiten der Hanse wurde Rigas Schicksal wechselvoll und schmerzlich: Polen, Schweden und Russen stritten um die Pfründe der Stadt, führten Kriege, eroberten und mordeten. Auch die Deutschen hatten daran Anteil – die Gedenkstätte Salaspils vor den Toren der Stadt erinnert an die vielen Toten des Konzentrationslagers. Doch die Besatzer ließen auch etwas zurück, machten Riga zu einem Puzzle verschiedener Baustile, Völker und Kulturen. Und damit zur einzigen Metropole des Baltikums, städtisch und weltoffen. Die Auswirkungen der letzten Besetzung zeigen sich bis heute: In ihrer eigenen Hauptstadt sind die Letten in der Minderheit. Sie müssen sich Riga mit knapp 60 Prozent Nicht-Letten teilen, vor allem mit Russen als dem Erbe der Sowjetzeit, die aus wirtschaftlichen und ideologischen Gründen Unmengen russische Arbeitskräfte ins Land gespült hat.

Den Blick nach vorne

Auch wenn längst noch nicht alle Probleme gelöst sind – Riga schaut nur nach vorne, strotzt seit der Unabhängigkeit vor Lebenslust, kam mit Riesenschritten zurück nach Europa in die Arme von Europäischer Union und Nato. Geschäftsleute in feinen Anzügen eilen zur Börse, Luxuskarossen und Cabrios lösten die alten Ladas ab. Jahrelang hat die Wirtschaft geboomt, herrschte Goldgräberstimmung. Doch auch im Zeichen der Wirtschaftskrise tastet man sich wieder an die 1920er-Jahre heran, als das „Paris des Ostens" (und da ist der Bezug) durch seine Modeszene und sein Kulturleben auffiel. Die Oper hat schon wieder einen hervorragenden Ruf, und die jungen, kreativen Modeschöpfer sind dabei, die

Mitte des 19. Jahrhunderts ließen die russischen Stadtherren Wälle und Befestigungsanlagen rund um Rigas Altstadt schleifen. Eines der wenigen Überbleibsel der Stadtmauer ist das Schwedentor – wohl auch, weil es im 17. Jahrhundert kurzerhand durch ein Wohnhaus gebrochen wurde.

Im Sommer laden in der Altstadt etliche Biergärten zum gemütlichen Verweilen ein.

Riga strotzt vor Lebenslust seit der Unabhängigkeit.

Am lettischen Freiheitsdenkmal im Zentrum der Stadt lässt es sich gut feiern: Die mit Spenden aus der Bevölkerung finanzierte Frauenfigur auf dem Obelisken wurde 1931 bis 1935 nach Entwürfen des Bildhauers Karlis Zale gestaltet.

Mediterranes Flair im hohen Norden – Besucher eines Straßenrestaurants genießen die noch am späten Abend angenehm lauen Sommertemperaturen.

Rigas ganzer Stolz: Das Schwarzhäupterhaus im Detail und ...

... in seiner vollen Pracht. Benannt wurde es nach der Gilde „Compagnie der Schwarzen Häupter", in deren Wappen der Mohrenkopf des heiligen Mauritius zu sehen ist.

Noble Bürger- und altersschiefe Fachwerkhäuser erstrahlen in frischen Farben.

Stadt auf der „Riga Fashion Week" erneut im Kreis der Großen zu etablieren. Erst vor wenigen Jahren, 2014, kürte man Riga gar zur Kulturhauptstadt Europas.

Erfülltes Vermächtnis

Bereits 13 Jahre zuvor, 2001, nahm man das 800-jährige Jubiläum zum Anlass, die Altstadt auf Hochglanz zu bringen. Noble Bürger- und altersschiefe Fachwerkhäuser erstrahlen seitdem in frischen Farben, allen voran das Schwarzhäupterhaus: Bei einem Bombenangriff im Jahr 1941 schwer beschädigt und nach dem Kriegsende gesprengt, wurde es rekonstruiert zum Aushängeschild Rigas.

Die prächtige, an Holland oder Flandern erinnernde Fassade des Backsteinjuwels zieren eine astronomische Uhr, die von Löwen bewachten Stadtwappen der Hansestädte Bremen, Lübeck, Hamburg und Riga, die Schutzheiligen Maria und Mauritius sowie der heilige Georg im Kampf mit dem Drachen. Ab dem 13. Jahrhundert war es das Stammhaus der unverheirateten ausländischen Kaufleute, die zwar in Riga lebten und arbeiteten, hier aber kein Stadtrecht besaßen. Mit dem Wiederaufbau ging auch das Vermächtnis der Schwarzhäupter in Erfüllung, die im 15. Jahrhundert auf einer Tafel an ihrem Haus in prophetischer Voraussicht den Wunsch geschrieben hatten: „Wenn ich mal in Trümmer fallen sollte, so baut mich doch von Neuem auf."

Symbol der Freiheit

Auch „Milda", die noch zu Zeiten der ersten lettischen Unabhängigkeit errichtete Dame auf dem Freiheitsdenkmal, war etwas in die Jahre gekommen. Man unterzog sie einer gründlichen Kur, und nun leuchten die drei goldenen Sterne wieder, welche die Gestalt der Freiheit hoch oben auf ihrem Obelisken in den Himmel reckt. Diese Sterne symbolisieren Kurzeme, Latgale und Vidzeme, die drei historischen Regionen Lettlands.

Den russischen Besatzern war die Statue stets ein Dorn im Auge. Nach dem Zweiten Weltkrieg sollte das Denkmal gesprengt werden. Dann war es angeblich irgendwann so baufällig, dass es eine Gefahr für den Straßenverkehr darstellte. Also machte der Bürgermeister den Boulevard der Freiheit kurzerhand zur Fußgängerzone. Als das alles nichts half, sollte Milda zum Mütterchen Russland mutieren, das die drei baltischen Staaten fest in der Hand hält – wirklich geglaubt hat das aber wohl niemand.

Milda blieb also standhaft und beschützte auch weiterhin die Demonstranten, die zu ihren Füßen immer vehementer und immer erfolgreicher Perestroika und Glasnost einforderten.

Das moderne Riga strebt zum Himmel.

Eishockey ist – neben Basketball und Fußball – die beliebteste Sportart in Lettland.

Wichtigstes Ereignis des lettischen Kulturlebens ist das nur alle fünf Jahre stattfindende Sängerfest mit zuletzt über 35 000 Teilnehmern.

Der zum Flanieren einladende Boulevard zu Mildas Füßen bildet eine – Alt- und Neustadt verbindende – Achse. Wer ein Rendezvous hat, trifft sich seit jeher an der nahen Laima-Uhr: zu einem Spaziergang auf den verschlungenen grünen Wegen des Bastejkalns-Parks oder auf einen Kaffee auf dem Domplatz.

Mit den ersten warmen Sonnenstrahlen lebt die Stadt auf, schüttelt sich die Winterkälte aus den Knochen. Überall fließt das gute lettische Bier in Strömen. Restaurants, Kneipen, Clubs und Straßencafés haben Hochbetrieb, die hellen nordischen Nächte werden immer kürzer. Gibt es eine bessere Zeit für einen Besuch in Riga?

Brauchtum

Special

O Tannenbaum

Glaubt man den Rigaern, dann stand der erste Weihnachtsbaum in ihrer Stadt.

Das soll im Jahr 1510 gewesen sein; folglich feierte man dort 2010 das 500. Jubiläum des geschmückten Baums, den Martin Luther und andere Reformatoren zum Weihnachtssymbol der Protestanten erklärt hatten, vergleichbar der Krippe in der katholischen Weihnacht. Auch der Tallinner Bürgermeister gratulierte zum Jubiläum, behauptete aber, in seiner Stadt sei bereits im Jahr 1441 ein Weihnachtsbaum errichtet worden. Tatsächlich dürften dessen Ursprünge in heidnischen oder in Zunftbräuchen liegen. Aber wie auch immer dieser Brauch nun entstand, auf den Weihnachtsmärkten Rigas (wie Tallinns) kann man bei köstlichem Honigbier oder leckerem Glühwein bestens darüber sinnieren.

RIGAER JUGENDSTIL

Stadt der schönen Fassaden

Mit Stolz blicken die Letten auf den historischen Stadtkern ihrer Kapitale, den die UNESCO seit 1997 in der Liste des Weltkulturerbes führt. Diese Auszeichnung verdankt Riga vor allem den mehr als 800 Jugendstilbauten.

Die Blütezeit des Jugendstils begann um 1880 und dauerte nur rund 30 Jahre. Von ihm beeinflusst waren fast alle Kunstrichtungen, von der Architektur über Literatur und Malerei bis zur Glaskunst. Der Jugendstil wollte sich vom bis dahin Gewohnten unterscheiden und Neues hervorbringen, aber auch Kunst und Schönheit im Alltag erlebbar machen. In der Architektur profitierte er von den damals neuen Verarbeitungsmöglichkeiten von Stahl und Glas. Im Gegensatz zu den düsteren Bauten der Gründerzeit besaß die neue Kunst Fantasie und Leichtigkeit.

Ein Stil erobert die Stadt

Seit Beginn des 18. Jahrhunderts zählte Riga zum russischen Zarenreich. Zur Stadt gehörte einer der wichtigsten Häfen, der viel Geld in die Kassen spülte. Noch um die Mitte des 19. Jahrhunderts lebten nur rund 100 000 Menschen in Riga, bis 1910 hatte sich die Einwohnerzahl schon fast verfünffacht. Das führte zu einer dramatischen Wohnungsnot und bald darauf zu einem Bauboom.

Das Eckgebäude in der Elizabetes 21 beherbergt heute das Monika Centrum Hotel.

Nachdem die Stadtbefestigung geschleift und das Verbot, außerhalb der Altstadt Steinhäuser zu errichten, aufgehoben worden war, breitete sich die Stadt schnell aus. Genug Geld für repräsentative Mehrfamilienhäuser, die vor allem am Boulevardring entlang der ehemaligen Stadtbefestigung entstanden, war ebenfalls vorhanden. Das wohlhabende Bürgertum und die Architekten orientierten sich an der gängigen Mode – und so entstanden wie in Prag, Wien, Brüssel und Budapest auch in Riga hauptsächlich Jugendstilbauten. Dabei übertraf die lettische Hauptstadt in der Anzahl reich verzierter Häuser bald selbst Wien, das noch heute als klassische Jugendstilstadt gilt.

Aus Häusern werden Kunstwerke

Vor allem zwischen Albert- und Elisabethstraße kulminieren die Fassaden zu Kunstwerken: Wohin man schaut, sieht man filigrane Gesichter, Tiere, Blumen und üppige Ornamente vom Erdgeschoss bis zum Dach. Auch so mancher Hausflur ist ein Meisterwerk des anderswo auch „Art nouveau",

Aufwendiger Skulpturenschmuck mit volkstümlichen Motiven ziert dieses prachtvolle Haus in der Alberta iela.

In der Elisabethstraße präsentiert sich der Rigaer Jugendstil in seiner ganzen Pracht. Tiersymbole, menschliche Gesichter und verspielte Ornamentik gehören zu dem überbordenden Schmuck des Hauses Nr. 10.

„Secessionsstil“ oder auch „Modern Style“ genannten Jugendstils. Die ornamentale Gestaltung der Fassaden mit Pflanzen- und Tiermotiven, fließenden und geschwungenen Linien sollte die Natur ersetzen, die in den schnell wachsenden Ballungsgebieten kaum noch Raum fand. Beliebte Pflanzenmotive waren Orchideen, Lilien und Iris, als Tiermotive standen Schwäne, Adler, Eulen, Schwalben und der Pfau hoch im Kurs. Darüber hinaus ist die Darstellung junger, verführerischer Frauen ein stetig wiederkehrendes Motiv.

Im Wandel der Zeit

Das erste Jugendstilgebäude Rigas, 1899 in der Audēju iela 7 errichtet, wurde von Alfred Aschenkampf entworfen. Weitere bekannte Architekten waren Eižens Laube und Konstantīns Pēkšēns, von dem mehr als 200 Häuser stammen. Einer der kreativsten und bekanntesten Köpfe war Michael Eisenstein, Vater des Regisseurs Sergej Eisenstein und damals Professor für Baukunst am renommierten Rigaer Polytechnikum. Auch er ließ seiner Fantasie freien Lauf, experimentierte exzessiv mit Farben und Formen und schuf so einige der schönsten Häuser.

Waren die ersten Häuser noch stark vom Wiener Jugendstil beeinflusst, so machten sich bald auch finnische Einflüsse bemerkbar, die zu einem nordischen Jugendstil führten. Und zuletzt erfasste die aufkeimende nationale Bewegung auch die Baumeister, die nun Elemente der Volksarchitektur in ihre Bauten integrierten.

Erstaunlich gut haben die Jugendstilhäuser Krieg und Sowjetzeit überstanden. Die Vorzeigestücke unweit des Zentrums strahlen heute in frischen Farben, Interessenten mit Geld und Prestigebewusstsein gibt es genug. Das zeigt: Der Jugendstil hat in Riga nicht nur eine Vergangenheit, sondern auch eine Zukunft.

Weitere Informationen

Dem Jugendstil auf der Spur
Auch abseits der Straßen Alberta (2, 4, 6, 8) und Elizabetes (10, 33) lohnt sich ein näherer Blick auf die Häuserfassaden.
Hier eine Auswahl: Audēju 7, 9; Jauniela 25/29; Kalēju 6, 23; Kaļķu 6, 11, 15, 22; Meistaru 10; Smilšu 1, 2, 3, 6, 8, 10; Šķūņu 10/12; Strēlnieuku 4; Teātra 9; Tirgoņu 4; Vaļņu 2.

Riga Art Nouveau Centre
Museum, Sonderausstellungen und Veranstaltungen zum Jugendstil in Riga
Alberta iela 12, www.jugendstils.riga.lv,
Di.–So. 10.00–18.00 Uhr.

Die Liebe zum Detail setzt sich auch im Inneren der Jugendstilgebäude fort. So ließen die Baumeister z. B. Treppenhäuser mit schwungvollen Verzierungen versehen.

Rīga
Maßstab 1:13.000
0
300m
ANDREJSALA
Latvijas kuģ. flotes apkalp. bāze
Termināl. pārvalde Andrejsala
Ziemeļu raj. izpilddirekcija
Viestura dārzs
A/s Druva
A/s Rīgas raugs
Hanzas iela
Rīgas tirdzniecības osta
Jūras pasažieru stacija
Andrejosta
Eksporta iela
Pulkveža Brieža iela
St. Rīga - Preču
Skanstes iela
Hipodroms
Sporta iela
Grostonas iela
Vesetas iela
Tomsona iela
Mālpils iela
LU Ķīmijas fak.
Zinātniskā medicīnas bibliotēka
A. Briana iela
Miera iela
1. atrās palīdzības slimnīca
Brīvības iela
Dailes teātris
Vidzemes tirgus
Matīsa iela
Skonto halle
Skonto stadions
A/s Laima
Ugunsdzēsības muzejs
Centrālā policijas sporta zāle
J. Rozentāla un R. Blaumaņa memoriālais muzejdzīvoklis
LU Ģeogrāfijas un zemes zinātņu fak.
Vidus
Jaunā bapt. bazn.
Elizabetes iela
Jūras akad.
Pasaules tirdzniecības centrs
Medicīnas vēstures muzejs
Kronvalda parks
LU Bioloģijas fakultāte
Rīgas kongresu nams
Rīgas dome
2. Ģimnāzija
Pētera-Pāvila bazn.
Lauksaimnieku centrs
Republikas lauk.
Nacionālais teātris
K. Valdemāra iela
Kultūras ministrija
Mākslas muzejs
Latvijas Mākslas akadēmija
Esplanāde
Kristus Piedzimšanas pareiztic. katedr.
Ārs slimnīca
5. slimnīca
Ebreji Latvijā muz.
Lattelekom muzejs
Vecā Sv. Ģertrūdes bazn.
Ģertrūdes iela
Ekonom. ministr.
Raiņa un Aspazijas māja muz.
Rīgas mazais teātris
N. Draudzinas ģimn.
AT. Ņevska pareiztic. bazn.
Jaunais Rīgas teātris
CENTRA RAJONS
Poligrāfistu kultūras nams
A. Upīša memoriālais muzejs
Mākslas galerijas Natalija
LR Augstākā tiesa
LR Ministru kabinets
1. Ģimnāzija
Kalpaka bulvāris
Raiņa bulvāris
Bastejkalns
Brīvības piemineklis
Vērmanes dārzs
Nacionālā bibliotēka
Krišjāņa Barona Muzeum
Leļļu teātris
Avotu iela
Marijas iela
Latvijas Universitāte
Latviešu biedrības nams
Latvijas Mūzikas akadēmija
Latvijas Nacionālā opera
Rīgas cirks
Dabas muzejs
Maskavas nams
Satekles iela
Centrālais pasts
Rīgas Centrālā stacija
Muitas iela
Vanšu tilts
Rīgas pils
Saeima
Mākslas muz.
Zviedru vārti
Kara muz.
Pulvertornis
Vāgnera koncert.
Filharmonijas koncertzāle
Doma lauk.
Doma bazn. Muz.
Anglikāņu bazn.
Konventa sēta
Teātris
Sv. Pētera
Rātsnams
Sv. Jāņa
Universāl. Centrs
Rīgas Tehniskā universitāte
Latvijas okupācijas muz.
Reformātu bazn.
Fotogrāfijas muz.
Kabata teātris
VECRĪGA
11. novembra krastmala
Akmens tilts
A-B dambis
13. janvāra iela
Autoosta
Forum
Centrāltirgus
Maskavas iela
Krasta iela
Gogoļa iela
Akadēmijas lauk.
Latvijas zinātņu akad.
Jēzus luter. bazn.
Marijas paslud. bazn.
Sadovņikova
Lāčplēša iela
Dzelzceļa tilts
Daugava
Mazā Daugava
Uzvaras bulvāris
Dzelzceļa vēst. muz.
Akmeņu
Jelgavas iela
Mūkusalas iela
A/s Diena
Kīleveina grāvis
Zakusalas
Dagdas
M. Krasta
Spekā
Bārddziņu
Kuģu iela
1
2
3
4
5
6
7
8
9
10
11
12
13
14

Riga sehen & erleben

Überraschend klein ist die Altstadt von Riga. Vom Ufer der Daugava bis zum Stadtkanal liegen die Sehenswürdigkeiten dicht gedrängt. Hier warten hanseatische Gilde- und Speicherhäuser, Cafés und Restaurants und ein abwechslungsreiches Nacht- und Kulturleben. Die schönsten Jugendstilhäuser liegen etwas außerhalb der Altstadt.

Riga

In der lettischen Hauptstadt zu beiden Seiten der Daugava (Düna) leben heute rund 700 000 Menschen, womit Riga die größte Stadt des Baltikums ist. Die Bevölkerung setzt sich zu 43 % aus Letten, zu 42 % aus Russen zusammen; hinzu kommen weißrussische, polnische und ukrainische Minderheiten. Die Stadt wurde 1201 gegründet, 1282 trat sie der Hanse bei. Bis zur Reformation spielten zuerst der Schwertbrüder- und dann der Livländische Orden eine wichtige Rolle. In der Folgezeit stritten Polen, Schweden und Russen um die Vorherrschaft in Riga und dessen bedeutsamen Ostseehafen. Am 18. November 1918 erklärte sich Lettland unabhängig, Riga wurde Hauptstadt und Regierungssitz. 1940 marschierten sowjetische, 1941 deutsche Truppen ein. Erst 1991 wurde Riga wieder Hauptstadt einer unabhängigen lettischen Republik.

INFORMATION
Tūrisma Informācija, Rātslaukums 6, LV-1050 Riga, Tel. 67 03 79 00, www.liveriga.com

SEHENSWERT
Im Haus der ❶ **Großen Gilde** (um 1855; Lielā Ģilde, Amatu iela 5) trafen sich bis ins 19. Jh. die deutschen Kaufleute, in der benachbarten **Kleinen Gilde** (1866; Mazā Ģilde, Amatu iela 6) die Rigaer Handwerker. Heute spielen die Philharmoniker im Haus der Großen Gilde; in der Kleinen Gilde finden Konferenzen und Kulturveranstaltungen statt. Schräg gegenüber steht das **Katzenhaus**, das seinen Namen wegen der beiden Katzen auf dem Dach bekam. Vor gut 100 Jahren gehörte das Haus einem Kaufmann, dem man die Aufnahme in die Gilde verweigert hatte. Daraufhin drehte er die Katzen auf seinem Dach mit dem Hinterteil zur Gilde. Dieser Affront führte zu mächtigem Ärger – am Ende drehte er die Katzen wieder um und wurde in die Gilde aufgenommen. Der angrenzende **Līvu laukums** ist im Sommer mit vielen Straßenrestaurants einer der lebendigsten Plätze Rigas. Das ❷ **Mentzendorffhaus** gehörte einst einem wohlhabenden Kaufmann und gibt einen guten Einblick in das Leben eines reichen Rigaer Bürgerhaushalts im 17. und 18. Jh. (Grēcinieku 18; Mai–Sept. tgl. 10.00–17.00, sonst Mi.–So. 11.00–17.00 Uhr, www.mencendorfanams. com). Um den ❸ **Rathausplatz** in der Altstadt stehen das klassizistische **Rathaus** von 1764 und das **Schwarzhäupterhaus** TOPZIEL (Melngavju nams) mit einer prachtvollen Fassade im holländischen Renaissancestil. In der Mitte des Platzes steht eine Nachbildung des Rolands. Am ❹ **Domplatz** fallen die **Börse** wegen ihrer Ähnlichkeit mit einem venezianischen Renaissancepalast und das Radiohaus ins Auge. Nicht weit entfernt stehen die ❺ **„Drei Brüder"** (Trīs brāļi); drei Häuser, deren Name im Zusammenhang mit den „Drei Schwestern" von Tallinn steht. Während die Tallinner Häuser ein Vater für seine drei Töchter baute, entstand das Rigaer Ensemble im Laufe mehrerer Jahrhunderte; das linke Haus stammt aus dem 18., das mittlere aus dem 17., das rechte aus dem 15. Jh. (Mazā Pils iela Nr. 17, 19, 21).
Das ❻ **Rigaer Schloss** (Rigas pils, Pils laukums 3) wurde ab 1330 ursprünglich als Ordensburg erbaut. Heute ist es Sitz des Präsidenten und beherbergt mehrere Museen. Nordöstlich der Jakobikirche gelangt man zum ❼ **Schwedentor**, dem einzig erhalten gebliebenen Stadttor, das Ende des 17. Jh.s während der Schwedenzeit durch ein Wohnhaus gebrochen wurde; über dem Durchgang ist das Stadtwappen Rigas zu sehen. Östlich des Tores stehen restaurierte Reste der Stadtmauer und der mächtige ❽ **Pulverturm** (urspr. 14. Jh., heute Kriegsmuseum, www.karamuzejs.lv, April–Okt. tgl. 10.00–18.00, sonst nur bis 17.00 Uhr), einst ein Bestandteil der Befestigungsanlagen. Vom Ende der 1980er-Jahre an war das 42 m hohe ❾ **Freiheitsdenkmal** auf dem Freiheitsboulevard (Brīvības bulvāris) in der Neustadt das Zentrum vieler

Blumenstand (oben) und Cafés (rechts) am Domplatz, Glasfenster im Dom (rechts oben)

Tipp

Eine für alles

Bequem und preisgünstig ist der Stadtbummel mit der **Riga Card**. Sie gewährt freie Fahrt mit dem öffentlichen Nahverkehr und gilt als Eintrittskarte für die meisten Museen.

RIGA CARD
Erhältlich im Touristenbüro
(24, 48 oder 72 Std. 25, 30 bzw. 35 €)

Demonstrationen der Unabhängigkeitsbewegung – noch heute legen die Letten im Gedenken daran Blumen auf den Sockel. Zu beiden Seiten des Denkmals erstreckt sich der Alt- und Neustadt trennende Bastejkalns-Park. Auch die Laima-Uhr, bekanntester Treffpunkt der Stadt, ist nicht weit. Die 10 **Nationaloper** wurde im Jahr 1863 eröffnet; die Fassade stammt von 1883 (Nacionālā opera, Aspazijas bulvāris 3; Tickets unter Tel. 67 07 37 77, www.opera.lv). In der Neustadt sind auch die vielen bekannten **Jugendstilbauten** Rigas zu finden.
Der 4 **Dom St. Marien** TOPZIEL bietet Platz für bis zu 5000 Gläubige. Seine Anfänge gehen auf den Beginn des 13. Jh.s zurück, das heutige Äußeres erhielt er nach einem Brand von 1776. Die Orgel zählt mit 6768 Pfeifen zu den größten und klangschönsten in Europa (Doma baznīca, Doma laukums; Mai bis Sept. 9.00–18.00, Mi./Fr. nur bis 17.00, sonst 10.00–17.00 Uhr, www.doms.lv). Die 11 **Petrikirche** mit ihrem 123 m hohen Turm stammt aus dem 13. Jh. und wurde mehrfach durch Brände und Kriege zerstört; die Schäden des Zweiten Weltkriegs waren erst 1973 behoben. Heute dient sie als Ausstellungsort für moderne Kunst. Der Kirchturm bietet einen guten Rundumblick (Sv. Pētera, Skārņu 19; Di.–Sa. 10.00–18.00, So. 12.00–18.00, Mai bis Aug. je 1 Std. länger, www.peterbaznica.riga.lv). Die 12 **Jakobikirche** mit ihrem 80 m hohen Turm wurde erstmals 1225 erwähnt, lag damals aber noch außerhalb der Stadt. In ihr wurde der erste lutherische Gottesdienst Lettlands abgehalten. Mit der polnischen Okkupation 60 Jahre später wurde sie katholisch, heute ist sie Sitz des katholischen Erzbischofs (Sv. Jēkaba, Jēkaba 9; tgl. 7.00–18.30 Uhr).

Tipp

Lettlands Seele

Das 14 **Krišjānis Barona Museum** ist einer der wichtigsten Schlüssel zum Verständnis der lettischen Seele. Hier lebte und arbeitete Krišjānis Barons (1835–1923), der in unermüdlicher Fleißarbeit mehr als 200 000 „dainas" zusammengetragen hat: Diese früher nur mündlich überlieferten Volkslieder geben einen tiefen Einblick in Geschichte, Ethik, Sprache und Alltagsleben der Letten. Barons war der Erste, der sie aufschrieb und systematisch erfasste.

KRIŠJĀNIS BARONA MUSEUM
Barona 3; Mi. 13.00–19.00, Do.–So. 11.00–18.00 Uhr

Oben links: Blick auf die Nationaloper. Oben rechts: Riga von oben – in der Skyline Bar im 26. Stock des Reval Hotel Latvia

MUSEEN

Das Kunstmuseum 1 **Riga Bourse** residiert in einem prächtigen Bau, der zwischen 1852 und 1855 im Stil venezianischer Renaissancepaläste errichtet wurde und lange die Börse beherbergte. Zu sehen sind eine wertvolle Porzellansammlung aus dem 17. Jh., einige Gemälde aus der niederländischen Goldenen Ära sowie eine fernöstliche Sammlung (Mākslas muzejs Rigas Birža, Doma laukums 6, www.rigasbirza.lv, Di.–So. 10.00–18.00, Fr. bis 20.00 Uhr). Das 3 **Okkupationsmuseum,** ein hässlicher schwarzer Bau am Rathausplatz, wurde von den Sowjets errichtet, um die Verdienste der lettischen Schützen zu würdigen, die die russische Revolution unterstützten. Heute informiert man hier ausführlich über die Zeit der deutschen und russischen Besetzung (für grundlegende Renovierungsarbeiten ist das Museum vorübergehend umgezogen: Raiņa bulvāris 7, okupacijasmuzejs.lv; tgl. 11.00–17.00 Uhr). Im Pulverturm war während der Sowjetzeit das Revolutionsmuseum untergebracht, heute beherbergt es das den Kampf der Letten um die Unabhängigkeit dokumentierende 8 **Kriegsmuseum** (Latvijas Kara Muzejs, Smilšu 20, www.karamuzejs.lv; April–Okt. tgl. 10.00–18.00, sonst bis 17.00 Uhr). An der Südseite des Doms befindet sich das Kloster mit Sakristei, Kapitelsaal und Kreuzgang. Hier sind das 4 **Museum für Rigaer Stadtgeschichte und Schifffahrt** untergebracht. Es zeigt Funde, die bis in die Bronzezeit zurückreichen (Rigas Vēstures un Kugniecības Muzejs, Palasta 4; www.rigamuz.lv, Mai–Sept. tgl. 10.00–17.00, sonst Mi.–So. 11.00 bis 17.00 Uhr). Das 6 **Geschichtsmuseum** präsentiert die Geschichte Lettlands von den frühesten Anfängen bis heute (Brīvības bulvāris 32, lnvm.lv, Di.–So. 10.00–17.00 Uhr). Nicht versäumen sollte man das 13 **Nationale Kunstmuseum** mit seinen umfangreichen Sammlungen von Gemälden, Zeichnungen und Skulpturen lettischer und russischer Künstler, darunter Rozentāls, Annuss, Valters, Padegs und Liberts (Latvijas Mākslas Muzejs, Valdemāra 10a, www.lnmm.lv). Zum **Motormuseum** außerhalb der Altstadt gelangt man mit dem Bus Nr. 21. Dort sind rund 100 historische Fahrzeuge ausgestellt, u. a. Karossen von Breschnew, Molotow und Stalin (Motormuzejs, Eizenšteina 6, www.motormuzejs.lv). Auch das im Jahr 1924 eröffnete **Ethnografische Freilichtmuseum** liegt etwas außerhalb – östlich des Zentrums am Juglas-See (Bus Nr. 1). Hier sind mehr als 100 Gebäude überwiegend aus dem 18. und 19. Jh. aufgebaut, die die damaligen Lebensverhältnisse der lettischen Landbevölkerung veranschaulichen (Brīvības gatvė 440, www.brivdabasmuzejs.lv, tgl. 10.00–20.00 Uhr).

EINKAUFEN

Shoppen wie die Einheimischen kann man auf dem **Zentralmarkt,** der in und um die weithin sichtbaren ehemaligen Zeppelinhangars stattfindet. Hier gibt es eine unglaubliche Auswahl vor allem an Lebensmitteln. Auch für den, der nichts einkaufen möchte, lohnt sich ein Blick auf das Gewühl (Pragas 1, www.rct.lv, Kernzeit tgl. 8.00–17.00 Uhr). Beliebte **Souvenirs** sind Lederarbeiten, Bernstein, Strickwaren und hochwertige Leinenartikel. Musikliebhaber finden auf einer CD vom letzten großen Sängerfest einen guten Querschnitt durch die lettische Volksmusik. Beliebte Mitbringsel sind auch die hochwertigen Schokoladenspezialitäten; eine lettische Spezialität ist der **Rigaer Schwarze Balsam,** ein dunkler Kräuterlikör aus 25 geheimen Zutaten (siehe S. 28/29).

RESTAURANTS

In einem ehemaligen Kloster mit Backsteinwänden bietet das **Melnie Mūki** gehobene internationale Küche, gelegentlich ruhige Livemusik (Jāņa sēta, Tel. 67 21 50 06, www.melniemuki.lv, tgl. 11.00–23.00 Uhr). Das **Alus Sēta** ist eine gemütliche Bierstube mit Terrasse unweit des Domplatzes. Selbstbedienung am Buffet, typisch lettische Spezialitäten, immer gut besucht, auch von Einheimischen (siehe unser Ranking auf den S. 28/29). Viel Atmosphäre durch unverputzte Backsteinwände findet man im **Kiploku Krogs.** Hier wird nicht mit Knoblauch gespart, von der Vorspeise über den

Riga, die „Perle an der Daugava", umgibt sich gern mit dem Flair des Besonderen.

Lachs bis zum Dessert (Jēkaba 3, Tel. 67 21 14 51; www.kiplokukrogs.lv, tgl. 12.00–23.00 Uhr). Das riesige **Lido** – eine Mischung aus Landgasthaus und Disneyland – liegt südöstlich der Altstadt direkt an der Hauptstraße. Exzellent ist das lettische Essen, von Grillspezialitäten bis zu göttlichen Torten. Eigene Minibrauerei (Krastra 76, Tel. 67 70 00 00, www.lido.lv, tgl. 13.00–23.00 Uhr). In den beiden **Monte Kristo** bekommt man eine gute Auswahl an Kaffeespezialitäten, Tees, Kuchen und Sandwichs – ideal für ein gemütliches Päuschen (Ģertrūdes 27, Tel. 67 31 63 61, montekristo.lv, Mo.–Fr. 8.00 bis 20.00, Sa. 10.00–20.00, So. 11.00–18.00 Uhr). Im **Rigas Balzams** wird der dunkle Kräuterlikör (siehe S. 28/29) auf jede erdenkliche Art serviert – unbedingt warmen Balsam mit Früchten probieren (Torņa 1, Tel. 67 21 44 94, tgl. 10.00 bis 1.00, Sa. 11.00–1.00, So. 11.00–24.00 Uhr).

UNTERKÜNFTE

Luxuriös, zentral und ruhig wohnt man im **Hotel Bergs**. Bergs Basar, eine Einkaufsmeile mit edlen Geschäften, Galerien und Restaurants, befindet sich in unmittelbarer Nähe (Elizabetes 83/85, Tel. 67 77 09 00, www.hotelbergs.lv). Auch das **Gutenbergs** bietet Luxus mitten im Zentrum. Schöne Zimmer in einer ehemaligen Druckerei, überall Folianten, Bilder und Bücher. Dachterrasse mit Blick auf den Dom (Doma laukums 1, Tel. 67 81 40 90, www.hotelguten bergs.lv). Im **Konventa Sēta** wohnt man etwas preisgünstiger im historischen Gebäudekomplex eines ehemaligen Witwenkonvents. In den verschachtelten Innenhöfen findet man Souvenirläden, Galerien, Bars und Cafés (Kalēju 9–11, Tel. 67 08 75 07, www.hotelkolonna.com). Das **Radisson Blue Hotel Latvija** kennen manche noch als Intourist-Hotel – innen ist das Hochhaus aber komplett saniert worden. Wegen der Aussicht ein Zimmer möglichst weit oben buchen (Elizabetes 55, Tel. Tel. 67 77 22 22, www.radissonblu.com)! Seinem Namen alle Ehre macht das **Radi un Draugi** („Verwandte und Freunde") – hier fühlt man sich pudelwohl. Tolles Preis-Leistungs-Verhältnis, deshalb oft ausgebucht (Mārstalu iela 1, Tel. 67 82 02 00, www.hotelradiundraugi.lv).

VERANSTALTUNGEN

Musikfreunde sollten sich das jährliche **Opernfestival** Mitte Juni nicht entgehen lassen (Termine u. Infos: www.opera.lv). Auch außerhalb der Festspielzeit wird Hervorragendes zu günstigen Preisen (Tickets: Tel. 67 07 37 77) geboten. Ein Erlebnis sind auch die großen **Lieder- und Tanzfeste,** die im Wechsel in den baltischen Staaten stattfinden.

UMGEBUNG

„Hier stöhnt die Erde" steht auf dem Betonklotz am Eingang des ehemaligen Konzentrationslagers **Salaspils** (22 km südöstl. an der Autobahn 6 Richtung Ogre). An diesem Ort des Grauens wurden zwischen 1941 und 1945 etwa 100 000 Menschen, überwiegend Juden, ermordet. In der 1976 eröffneten Gedenkstätte sind riesige Betonskulpturen zu sehen, die das Leiden der Lagerinsassen symbolisieren.

Genießen Erleben Erfahren

DuMont Aktiv

Auf grünen Pfaden

Der Schlosskanal umfließt fast die ganze Rigaer Altstadt und grenzt sie von der Neustadt ab. Die Grünanlagen an seinen Ufern mit vielfach verzweigten Wegen laden zu einem entspannenden Spaziergang und einer Pause im Grünen ein. Kurze Abstecher führen zum Wöhrmannschen Garten und zum Esplanāde-Park.

Der beste Ausgangspunkt ist das weithin sichtbare Freiheitsdenkmal. Wendet man sich von der Altstadt kommend nach links, ist nach wenigen Schritten der Bastionshügel mit seinen künstlichen Wasserfällen erreicht, der Mitte des 19. Jh.s entstand, als man Reste der Verteidigungsanlagen aufschüttete. Über den Kanal führt am Fuß des Hügels die mit Schlössern verzierte Liebesbrücke. Unweit davon erinnern Gedenksteine an die Menschen, die während der Unabhängigkeitsbewegung im Jahr 1991 von sowjetischen Spezialeinheiten erschossen wurden.

Auch rechts vom Freiheitsdenkmal setzt sich die Anlage fort. Hier fällt die klassizistische Nationaloper auf, auf der anderen Seite des Kanals erhebt sich das Hauptgebäude der Lettischen Universität. Folgt man dem Brīvības bulvāris stadtauswärts, liegt linker Hand der Esplanāde-Park, rechter Hand der Wöhrmannsche Garten. Im Esplanāde-Park finden sich die orthodoxe Christi-Geburt-Kathedrale, das Denkmal des Dichters Jānis Rainis, die Lettische Kunstakademie sowie das Kunstmuseum. Mitten im Wöhrmannschen Garten steht ein schöner Brunnen.

Weitere Informationen

Restaurant Otto Schwarz, Kalku 28, hotelroma.lv (wenige Schritte vom Park entfernt im obersten Stockwerk des Hotel de Rome)

Valters un Rapa, Aspazijas 24, www.valtersunrapa.lv (der große Buchladen hat auch einige ausländische Titel in seinem Sortiment)

Arkadencafé an der Laima-Uhr (oben)

Wo der Schöngeist wohnt

Die Letten lieben Blumen und Lieder. Für Blumen geben sie mehr Geld aus als jedes andere Volk, und der Gesang – ob im Chor, bei den großen Liederfesten oder privat – liegt den meisten Letten im Blut. Übrigens verschenken in Lettland schon auch mal Frauen bunte Sträuße an Männer oder Kinder an ihre Lehrer.

Unweit vom schönen Cēsis kann man, wie überall im Baltikum, herrliche Ferien verleben – Häuschen am See und Kanufahrten inklusive.

Das erste archäologische Freilichtmuseum im Baltikum befindet sich auf einer Insel im Āriŝu-See innerhalb des Gauja-Nationalparks. Hier sind z. B. rekonstruierte Behausungen der alten Lettgallen aus dem 9. Jh. zu sehen.

Die Stadt Talsi hat außer dem Talsi-See noch einige andere Gewässer zu bieten. Auf ihrem Haushügel, dem Baznickalna-Berg, thront zudem eine hübsche Kirche.

Zu festlichen Anlässen werden in Lettland noch oft Trachten getragen.

Zur weiblichen Tracht gehören auch Stirnband oder Blumenkranz. Ohne Kopfbedeckung aus dem Haus zu gehen, war für unverheiratete lettische Frauen früher nicht üblich.

Jeder fünfte Lette singt regelmäßig in einem Chor. „Dainas" (Volkslieder) gehören dort zum Grundrepertoire.

Krišjānis Barons war der Erste, der die einst nur mündlich überlieferten Volkslieder, die Dainas, systematisch sammelte. Nach seinem Tod haben andere diese Arbeit fortgesetzt, und so umfasst die (zum Dokumentenerbe der UNESCO gehörende) Sammlung heute rund 1,5 Millionen dieser meist vierzeiligen Lieder. Dieser einmalige kulturelle Schatz, der viel über die Geschichte erzählt und tiefe Einblicke in die Volksseele gibt, verstaubt nicht in einem wissenschaftlichen Archiv, sondern wird rege genutzt: Dainas gehören zum Grundrepertoire der Chöre, in denen jeder fünfte Lette regelmäßig singt. Und erstaunlicherweise sind es nicht nur die Alten, die diese Tradition pflegen; auch die jungen, mit beiden Beinen im 21. Jahrhundert stehenden Letten singen oft und gerne. Selbst Lettlands ehemalige Staatspräsidentin Vaira Vīķe-Freiberga hat sich intensiv mit den Volksliedern befasst und wissenschaftliche Arbeiten über deren Poetik und Struktur veröffentlicht.

Für das immer wieder von Fremdherrschaft gebeutelte Volk der Letten waren die Dainas immer ein wichtiges Mittel, um ihre kulturelle Identität zu wahren. So verwundert es auch nicht, dass beim Streben nach Unabhängigkeit neben der Ökologie- die Folklorebewegung eine treibende Kraft war.

Ein absoluter Höhepunkt im Festkalender sind die großen Lettischen Liederfeste, die alle fünf Jahre in Riga stattfinden. Beim Abschlusskonzert im Mežapark treten mehr als 10 000 Sängerinnen und Sänger vor rund 30 000 begeisterten Zuschauern auf. Wer diese Veranstaltung unter freiem Himmel einmal miterlebt hat, wird die Gänsehaut, die der vieltausendstimmige Chor hervorgerufen hat, nie wieder vergessen und dem nächsten Liederfest entgegenfiebern.

Das Feuer der Mittsommernacht

Beim Mittsommerfest Jāņi spielen Blumen eine wichtige Rolle, weil die Frauen zur größten Party des Jahres einen Blütenkranz im Haar tragen. Von den Männern bekommen nur diejenigen einen Kranz aus Eichenlaub geflochten, die Jāņis heißen.

In Riga ist es um Mittsommer herum ziemlich ruhig, denn am besten feiert es sich in der freien Natur. Unverzichtbarer Bestandteil eines jeden Jāņi ist ein Feuer, das möglichst auf einem Hügel brennen sollte. Wichtiger ist aber, dass man in der Mittsommernacht nicht schläft, denn wen der Schlaf in dieser Nacht übermannt, der wird auch im kommenden Jahr faul sein. Also wird bis zum Sonnenaufgang getanzt und gesungen, wobei viel Bier und Jāņikäse für das leibliche Wohl sor-

Westlich von Riga erstreckt sich ein rund 30 km langer feiner heller Strand, der kreative Geister zum künstlerischen Umgang mit dem herrlichen Sand inspiriert.

Naturschutz

Special

Ein kleiner Garten Eden

Um den Pape-See herum entfaltet sich ein nach ihm benanntes, mit Naturpfaden für Wanderer gut erschlossenes Schutzgebiet.

Im Herbst ist der Pape-See ein Paradies für Ornithologen. Zigtausende Zugvögel rasten an dem flachen, schilfumstandenen Gewässer. Auch zahlreiche Fledermäuse kann man hier beobachten. Am Südende des Sees gibt es einen Turm zur Vogelbeobachtung. Auch während des restlichen Jahres lohnt ein Besuch im militärischen Sperrgebiet der Sowjetzeit: wegen der

Tarpane im Pape-Seengebiet.

Wildpferde. 1999 hat der World Wildlife Fund for Nature (WWF) hier die ersten Rückzüchtungen der lange ausgestorbenen Tarpane ausgewildert; die Herde gedeiht prächtig. Die kleinen, stämmigen Tiere können mit einem Naturführer vom WWF beobachtet werden. Mit etwas Glück laufen einem hier auch noch ein paar ebenfalls rückgezüchtete Auerochsen und einige Wisente über den Weg.

gen. Abergläubische springen über das Feuer – in der Hoffnung, dass dabei ihre Sünden verbrennen. Auch den Blumenschmuck bis zum nächsten Jahr aufzuheben und ihn dann ins Feuer zu werfen, soll dem Träger Glück bringen.

Die Regionen Lettlands

Das heutige Lettland gliedert sich immer noch in die vier historischen Provinzen Kurland (Kurzeme), Livland (Vidzeme), Semgallen (Zemgale) und Lettgallen (Latgale). Kurzeme, früher von den Kuren bewohnt, reicht von der Rigaer Bucht bis zur litauischen Grenze. Entlang der langen Küste gibt es mit Ventspils und Liepāja nur zwei größere Städte, ansonsten überwiegen einsame Strände. Vidzeme reicht vom Golf von Riga bis zur estnischen Grenze und erstreckt sich entlang der Daugava weit ins Landesinnere. Ein besonderes Naturerlebnis dieser Region ist die rund 100 km lange, fast unbewohnte Küste mit ihren langen Sand- und Steinstränden. Im Landesinnern bietet der Gauja-Nationalpark um die alte Stadt Cēsis vielfältige Möglichkeiten für Aktivurlauber. Die kleinste Region Zemgale bildet das Zentrum des Landes und wird wegen ihrer intensiven landwirtschaftlichen Nutzung auch die „Kornkammer Lettlands“ genannt. Touristisches Interesse wecken hier vor allem die Barockschlösser in Jelgava und Rundāle. Das überwiegend katholisch geprägte Latgale liegt im Südosten des Landes und grenzt an Russland und Weißrussland. Besonders in den Städten ist der Prozentsatz der russischsprachigen Bevölkerung vergleichsweise hoch, touristisch aber liegt das „Land der blauen Seen“ noch etwas im Abseits.

Nostalgisch in die Zukunft

Um diesen Strand sind die Hauptstädter zu beneiden: Nur eine halbe Stunde westlich von Riga erstreckt sich ein rund 30 km langer feiner heller Sandstrand mit Dünen und Kiefernwäldern im Hinterland. Schon im 19. Jahrhundert hatten die Rigaer diesen Küstenstreifen für sich ent-

Ganz in der Nähe von Liepāja erstreckt sich die zu allerlei Aktivitäten im Wasser einladende Ostsee.

Liepāja wird auch „die Stadt des Windes" genannt.
Im Ostseehafen ankern noch Fischerboote.

Das hübsche Kuldiga in Kurland hat eine malerische Altstadt.

deckt und Datschen in Strandnähe gebaut. Gesundes Seeklima und wohltuender Heilschlamm erregten schon bald auch das Interesse gekrönter Häupter und Aristokraten an dieser Sommerfrische. So entwickelte sich Jūrmala rasch zu einem international bekannten Kur-

Gesundes Seeklima und Heischlamm schätzten auch gekrönte Häupter.

und Badeort. Die Zeit des Geld- und Blutadels ist zwar längst vorbei, aber ein wenig vornehmes Flair ist noch immer zu spüren, wenn man durch die Ortsteile Majori, Dubulti oder Dzintari schlendert. Viele der mit aufwendigen Schnitzereien verzierten Holzvillen aus dieser Zeit stehen noch immer, einige befinden sich allerdings in völlig verwahrlostem Zustand; mittlerweile stehen diese architektonischen Kostbarkeiten jedoch unter Denkmalschutz und werden nach und nach saniert. Und da die wenig fantasievollen Ferienheime aus der Sowjetzeit auch zunehmend verschwinden, verwandelt sich Jūrmala nun wieder langsam in den charmanten Kur- und Badeort, der er einstmals war.

Selbst auf modernen Luxus muss man nicht mehr verzichten: Frisch sanierte Wellnesshotels bieten alles, was gestresste Körper brauchen. Am lebhaftesten zu geht es im Sommer im Ortsteil Majori, wenn die Urlauber durch die Fußgängerzone Jomas iela mit ihren Geschäften, Restaurants und Bars flanieren.

Cēsis – 800 Jahre Geschichte

Grimmig, wie man Lenin kennt, blickt er drein, die Faust vor der Brust geballt, die andere Hand im langen schwarzen Mantel. Zur Sowjetzeit stand die überlebensgroße Statue auf dem Hauptplatz von Cēsis, nach der Unabhängigkeit wollte sie dort keiner mehr haben. Eigentlich hätte sie wie fast alle Leninstatuen im Baltikum eingeschmolzen werden sollen, stattdessen verschwand sie in einer

Bei Ausritten lässt sich Lettland gut erkunden.

Am breitesten Wasserfall Europas, dem Ventas Rumbas bei Kuldiga,
kommen Angler wie Badefreunde gleichermaßen auf ihre Kosten.

Nach barockem Muster errichtet: Pils Rundāle bei Jelgava

Weißrussland ist nah: Grenzland im Süden

Special

Wallfahrtsort Aglona

Ein Zentrum des Katholizismus

Die Basilika mit ihren beiden 60 m hohen Türmen ist eigentlich viel zu groß für den kleinen Ort Aglona im Südosten Lettlands. Am 15. August jedoch platzt sie aus allen Nähten. Alljährlich zum Fest Mariä Himmelfahrt nämlich ist die strahlend weiße dreischiffige barocke Kirche, die Ende des 18. Jahrhunderts errichtet wurde, das Ziel von Tausenden Pilgern. Der größte Teil Lettlands ist zwar lutherisch geprägt, doch der Wallfahrtsort Aglona und die gesamte umliegende Region Latgale bekennen sich wegen des jahrhundertelangen polnischen Einflusses zum Katholizismus.

Prozession zu Mariä Himmelfahrt

Während Mariä Himmelfahrt ist nicht nur der in Pastellfarben leuchtende Innenraum bis auf den letzten Platz gefüllt, auch der Vorplatz quillt beinahe über vor Gläubigen. Sie nehmen an Prozessionen teil und beten vor dem Marienbildnis der „Muttergottes von Aglona", das wundertätig sein soll. Im Jahr 1993 kam auch der damalige Papst Johannes Paul II. im Rahmen seiner Lettlandvisite nach Aglona, das jährlich rund 50 000 Besucher zählt. Die Einwohner nahmen die Papstvisite zum Anlass, ihre Kirche und die Umgebung mit großem Aufwand ganz neu zu gestalten.

Holzkiste, abgestellt in einer stillen Ecke des Schlossparks. Dort blieb sie jahrelang unbeachtet, bis man sich ihrer erinnerte und ihr ein paar Schautafeln zur Seite stellte. Diese erzählen die Geschichte der Figur und dokumentieren so ein Stück der jüngeren Stadtgeschichte.

Kleine Fortschritte in der Provinz

Unübersehbar ist dagegen die Ruine der alten Ordensburg, einst eine der mächtigsten Festungen des Deutschen Ordens im Baltikum und jahrhundertelang Sitz des Deutschordensmeisters. Aber in den Kriegen des 16. und 17. Jahrhunderts wurde die Burg Wenden, wie sie damals hieß, stark beschädigt und nicht wieder aufgebaut. Ihre Ruine ist heute das Wahrzeichen der Altstadt von Cēsis.

Bei einem Bummel durch die Altstadt hat man das Gefühl, hier wie in vielen anderen kleinen Städten Lettlands sei die Zeit stehen geblieben. Während die Hauptstadt Riga unübersehbar boomt, muss sich die Provinz mit kleinen Fortschritten zufrieden geben. Einige Häuser wurden zwar bereits saniert, aber vielen sieht man die jahrzehntelange Vernachlässigung während der Sowjetzeit doch noch deutlich an. In Cēsis und vor allem auf dem Land wird es wohl noch einige Jahre dauern, bis die Modernisierung abgeschlossen ist.

GESCHICHTSTRÄCHTIGE MAUERN

Vom (feudalen) Leben auf dem Lande

Viele historische Gutshöfe deutscher Einwanderer fielen im 20. Jahrhundert Revolutionen und Kriegen zum Opfer. Heute ist es ein hartes Stück Arbeit, die wertvollen Architekturdenkmäler wieder aufzubauen.

Das barocke Haupthaus der Gutsanlage Palmse liegt wunderschön in einem weitläufigen Park mit Teichen, alten Bäumen und Gartenpavillons inmitten des Nationalparks Lahemaa in Estland. Im Haupthaus ist ein Museum untergebracht, in der ehemaligen Schnapsbrennerei ein Hotel. Palmse ist einer der wenigen Gutshöfe im ganzen Baltikum, die die Geschichte fast unversehrt gelassen hat.

Auch in Lettland gibt es ermutigende Beispiele neuer Nutzungskonzepte für ehemalige Schlösser. Das um die Mitte des 19. Jahrhunderts erbaute Schloss Bīriņi in der Nähe des Gauja-Nationalparks hat zwar seinen reichen Skulpturenschmuck im Zweiten Weltkrieg eingebüßt – und die zeitweilige Nutzung als Sanatorium während der Sowjetzeit setzte ihm zu –, aber inzwischen zählt das Schloss zu den schönsten Hotels des Landes. Ähnliches gilt für das klassizistische Schloss Mežotne am Ufer der Lielupe.

Der traurige Rest

Diese positiven Beispiele können aber nicht über den immensen Verlust an historischer Bausubstanz in den letzten 100 Jahren hinwegtäuschen. Kurz vor dem Ersten Weltkrieg gab es allein in Estland über 2000 Gutshöfe; die in privatem Besitz wurden von etwa 200 deutschbaltischen Familien bewirtschaftet. Heute existieren noch rund 400 Gutshöfe in ihrer ursprünglichen Form, jedoch nicht alle gut erhalten; weitere 200 wurden im Lauf der Zeit stark verändert oder befinden sich in einem ruinösen Zustand – der Rest ist den Wirren der Geschichte zum Opfer gefallen.

In Lettland sind die entsprechenden Verhältnisse ähnlich: Nach der Unabhängigkeit zeigte sich, dass nur noch rund ein Drittel der Gutshöfe überhaupt zu restaurieren ist.

Blüte und Verfall

Die Blütezeit der Gutshöfe begann etwa um 1760 und währte dann mehr als 150 Jahre lang. Nahezu alles, was bis heute erhalten geblieben ist, stammt aus dieser Zeit.

Der Reichtum der deutschbaltischen Adelsfamilien stand in einem krassen Gegensatz zur bitteren Armut der Bauern: Die Wohnhäuser der Höfe waren mit edlen Möbeln und Kunstobjekten eingerichtet, die Gestaltung der

Deutschbaltische Adlige errichteten im Jahr 1624 das Landgut Palmse. 1923 fiel es der Enteignungswelle zum Opfer und verwahrloste. Ab dem Jahr 1991 wurde es aufwendig saniert.

Im neogotischen Stil errichtet wurde das Gutshaus Porkuni (oben). Wildromantisch: der Garten von Palmse (unten)

Weitere Informationen

Wer einmal selbst wie ein baltischer Gutsherr oder eine baltische Gutsdame logieren möchte, findet unser Ranking dazu auf den Seiten 18/19. Einen guten Überblick über Schlösser und Landgüter bietet zudem die Website **www.pilis.lv**

üppig grünen Parkanlagen ließ sich der Adel viel kosten.

Die Russische Revolution brachte schließlich die erste Zäsur: Aufständische brannten allein in Estland rund 100 Gutshöfe nieder und töteten viele Adlige, in Lettland wurden mehr als 200 Anwesen geplündert und niedergebrannt. Bis zum Ersten Weltkrieg konnten einige davon zwar wieder aufgebaut werden, aber dann folgten neue Plünderungen und Brandstiftungen.

In der nach dem Ersten Weltkrieg unabhängigen lettischen Republik gab es eine Bodenreform, bei der rund 90 Prozent des deutschbaltischen Adels seine Ländereien verlor. Die Adligen in Estland, die im 1918 neu gebildeten Nationalstaat ihre Privilegien verloren, wurden schon ein Jahr später im Zuge der Bodenreform ebenfalls enteignet.

Auch die 1939 von Adolf Hitler angeordnete Umsiedlung der deutschbaltischen Gutsbesitzer, Teil des geheimen Zusatzprotokolls des Hitler-Stalin-Paktes, zog den Verfall vieler Gutshöfe nach sich. Während der sowjetischen Besatzung galt dann das Erbe des deutschbaltischen Adels als nicht erhaltenswert; immer mehr Gutshöfe verfielen und wurden letztlich abgerissen. Andere nutzten die Sowjets als Kolchosezentren oder Schulen, Heime oder Wohnungen. So überdauerten diese die Zeit – aber oft in verwahrlostem Zustand.

In kleinen Schritten zum Ziel

Heute beherbergen nur noch wenige Häuser Schulen, Seniorenheime oder Sanatorien; einige sind in Privatbesitz, andere dienen als Museen, einige Alteigentümer sind zurückgekehrt. Gegenwärtig ist zumindest bei fast allen erhaltenswerten Häusern der Verfall gestoppt; staatliche Zuschüsse zur Sanierung sind allerdings eine Ausnahme. Immerhin werden die Gutshöfe wieder als wichtiger Teil der Geschichte wahrgenommen, sodass ihre Sanierung weitergehen wird; die meisten von ihnen werden vermutlich in luxuriöse Hotels und Kongresszentren umgewandelt und auf diese Weise für die Nachwelt erhalten bleiben.

Maßstab 1:1.700.000
0
40 km
ROSSIJA
EESTI
LATVIJA
LIETUVA
BELARUS'
Rīgas līcis
Liivi laht
Saaremaa s.
Sõrve poolsaar
Kihnu s.
Ruhnu s.
Irbes Šaurums
Kura kurk
Pärnu laht
RĪGA
Jūrmala
Jelgava
LIEPĀJA
Ventspils
DAUGAVPILS
Rēzekne
ŠIAULIAI
PANEVĖŽYS
KLAIPĖDA
TARTU
PSKOV
Pärnu
Kuressaare
Valmiera
Cēsis
Sigulda
Ogre
Tukums
Talsi
Kuldīga
Saldus
Dobele
Bauska
Jēkabpils
Madona
Gulbene
Alūksne
Balvi
Ludza
Krāslava
Preiļi
Līvāni
Aizkraukle
Valka
Valga
Viljandi
Võru
Pskovskoe ozero
Slīteres nac. parks
Ķemeru nac. parks
Gaujas nac. parks
Žemaitijos nac. parkas
Vilsandi rahvuspark
Soomaa rahvuspark
Karula rahvuspark
Otepää kõrgendik
Haanja Kõrgendik
Sakala kõrgendik
Kurzemes Augstiene
Latgales augstiene
Žemaičių aukštuma
Kuršių nerija
Struve Geodetic Arc
Pilsrundāle
1
2
3
4
5
6

Land der Kontraste

Die mittlere der drei Baltenrepubliken ist voller Gegensätze: Jenseits des mondänen Riga wird es ländlich, weite Landschaften, menschenleere Küsten und verschlafene Städte prägen das Bild. In ganz Lettland begegnet man Sehenswürdigkeiten, die von der bewegten Geschichte zeugen.

1 Jūrmala

Jūrmala, von den Deutschen schlicht „Strand" genannt, besteht aus ein paar Fischersiedlungen auf einem schmalen Landstreifen zwischen dem Fluss Lielupe und dem Meer. Touristisches Zentrum ist der Ortsteil Majori mit seiner Flaniermeile Jomas iela. Der Strand, die „Lettische Riviera", ist 30 km lang, die Blaue Flagge signalisiert gute Wasserqualität. Mit Bahn und Minibussen erreicht man Riga in rund 30 Minuten.

MUSEEN

Das **Jūrmala-Museum** in Majori beleuchtet die Geschichte des Badeorts und zeigt wechselnde Kunstausstellungen (Tirgoņu iela 29, www.jurmalasmuzejs.lv, Mi.–So. 10.00–17.00 Uhr). Ebenfalls in Majori erinnert ein **Gedenkmuseum** im ehemaligen Sommerhaus von Jānis Rainis (1865–1929) an den lettischen Dichter (Pliekšāna iela 5; Mi.–Sa. 10.00–17.00 Uhr).

AKTIVITÄTEN

Nicht nur Kinder kommen im riesigen **Akvaparks** auf ihre Kosten (Viestura iela 24, Tel. 67 75 56 36, www.liveriga.com/de/1165-livu-aquapark; Mo.–Fr. 12.00–22.00, Sa. ab 11.00, So. 11.00–21.00 Uhr, im Winter Mo./Di. geschl.).

RESTAURANTS

Exzellent speist man im **Hotelrestaurant Caviar Club** (Jūras iela 23, Majori, Tel. 67 77 14 00, www.balticbeach.lv). An der Jomas iela findet jeder etwas nach seinem Geschmack: Das **Orients-Sultāns** serviert Fisch (33, Tel. 776 20 82, www.restoran-orient.lv), Russisches gibt es im **Slāvu Restorāns**, am Wochenende zu Livemusik (76, Tel. 67 76 14 01, www.slavu.lv), Cocktails in großer Auswahl bietet die **Villa Joma** (90, Tel. 67 77 19 99, www.villa joma.lv).

UNTERKÜNFTE

Klein und gemütlich präsentiert sich nahe Flaniermeile und Strand das **Hotel Eiropa** im klassischen Holzhausstil der Bäderarchitektur; exzellent ist das hauseigene **Restaurant** (Jūras iela 56, Majori, Tel. 67762211, www.goodstay hotels.com/hotels/eiropa/en/).

UMGEBUNG

Livlands Strände erstrecken sich rund 100 km gen Norden bis zur estnischen Grenze. Einige wenige Dörfer ausgenommen, blieb die Küste weitgehend unbesiedelt. Nahe der Hauptstadt trifft man noch Wochenendausflügler, doch weiter nördlich haben Naturfreunde den schier endlosen Strand meist für sich. Nördlich des kleinen **Zvejniekciems** (6 km nördl. von Saulkrasti) beginnt der schönste Küstenabschnitt.

Unten und links: Blick zurück zu den Riten und Gebräuchen vergangener Zeiten beim Mittelalterfest in Cēsis

INFORMATION

Tūrisma Informācijas Centrs, Lienes iela 5, LV-2015 Jūrmala, Majori, Tel. 67 14 79 00, www.tourism.jurmala.lv

2 Cēsis

Rund um die Burg des späteren Livländischen Ordens aus dem 13. Jh. entwickelte sich im 14. Jh. die von den Deutschen „Wenden" getaufte Stadt. Als Graf Sievers Ende des 18. Jh.s die Burgruine erwarb, ließ er an Stelle der Torbefestigungen das Neue Schloss erbauen. Die ehemalige Hansestadt, die im Mittelalter den Handel mit Russland kontrollierte, liegt mitten im Gauja-Nationalpark und eignet sich gut als Ausgangspunkt für Aktivitäten auf dem Gauja-Fluss oder in der hügeligen Waldlandschaft.

SEHENSWERT

In der **Altstadt** um die Johanniskirche sind noch traditionelle Holzhäuser zu sehen. Die **Burg** (13.–16. Jh.) – seit der Niederlage der Ordensritter gegen russische Heere 1560 eine Ruine – zählt zu den besterhaltenen Ordensburgen im ganzen Baltikum und ist umgeben von einem gepflegten **Schlosspark**. Der Stall des Burgguts (1780) wurde zum **Ausstellungshaus** umfunktioniert und birgt Wechselausstellungen (Pils laukums 3; Mai–Sept. Di.–So. 10.00 bis 18.00, sonst Di.–Sa. 10.00–17.00, So. bis 16.00 Uhr). In der **Schmiede für alten Schmuck** kann man hochwertige Nachbildungen altlettischen Schmucks erwerben und sich über experimentelle Archäologie informieren (Pils laukums 9; April–Nov. tgl. 9.00–19.00, sonst Mi.–So. 10.00–14.00 Uhr). Die gegen Ende des 13. Jh.s im frühgotischen Stil erbaute **St. Johanniskirche** war einst das größte Gotteshaus Nordlivlands. Sie diente dem Orden als Dom; innen sind Ritter und Ordensmeister begraben (Umbau 18. Jh.; Lielā Skolas iela 8).

UNTERKÜNFTE UND RESTAURANT

Das **Hotel Cēsis** im Zentrum bietet moderne Zimmer und ein tolles Restaurant (Vienības laukums 1, Tel. 64 12 01 22, über Buchungsportale wie www.booking.com). Im **Hotel Sigulda**, verkehrsgünstig im gleichnamigen Ort gelegen, gibt es ebenfalls modern eingerichtete Zimmer, eine Sauna und ein Schwimmbad (Pils iela 6, Tel. 67 97 22 63, www.hotelsigulda.lv).

VERANSTALTUNGEN

Zu den Höhepunkten des Sommers gehören die **Festivals** zu den Themen Mittelalter, Folklore und Musik im Juli und August.

Sommerliche Idylle vor dem Schloss in Jelgava: Die stattliche Residenz wurde nach Plänen des Architekten Bartolomeo Francesco Rastrelli (1700–1771) errichtet.

UMGEBUNG
5 km südlich an einem kleinen See liegt das Dorf **Āraiši**; auf einer Insel im See kann man eine rekonstruierte lettgallische Wasserburg aus dem 9. Jh. besichtigen (Mitte April–Nov. tgl. 10.00–18.00 Uhr). **Sigulda**, 26 km südwestlich am Rand des Gauja-Nationalparks, ist international bekannt durch seine Bobbahn; sehenswert ist die im 13. Jh. von deutschen Kreuzrittern erbaute Burg, deren Ruine heute als Freilichtbühne dient. Das nahe Neue Schloss, Ende des 19. Jh.s errichtet, ist nun Sitz der Stadtverwaltung. Auf der gegenüberliegenden Seite des Flusses Gauja nimmt das **Museumsreservat Turaida** vier Hügel ein. Den Schlossberg krönt eine alte Bischofsburg aus rotem Backstein (eine Rekonstruktion des Gebäudes aus dem 16. Jh.), von der man einen schönen Blick auf die Waldlandschaft des Nationalparks hat. Im weitläufigen Park auf dem Liederberg stehen 15 große Steinskulpturen des lettischen Bildhauers Indulis Ranka. Den Kirchberg krönt die älteste Holzkirche von Vidzeme (Livland). Mehr Aufmerksamkeit bekommt der Grabstein der „Rose von Turaida“: Der Legende nach soll dies das Grab der schönen Maija sein, die den Gärtner Viktor liebte, 1620 aber von dem polnischen Offizier Jakubowski aus verschmähter Liebe ermordet wurde.

INFORMATION
Tūrisma Informācijas Centrs, Pils laukums 9, LV-4100 Cesis, Tel. 64 12 18 15, www.tourism.cesis.lv

❸ Jelgava

Lettlands viertgrößte Stadt (deutsch: *Mitau*) am Ufer der Lielupe, am Rand der Ebene von Zemgale, entstand im 14. Jh. um eine Ordensburg herum. 1574 wurde Jelgava Hauptstadt des Herzogtums Kurland. Auch nachdem Kurland 1795 zu Russland gekommen war, blieb Jelgava Mittelpunkt des wirtschaftlichen und kulturellen Lebens. Die Stadt wurde in beiden Weltkriegen zerstört, blieb aber ein bis heute unverändert wichtiger Verkehrsknotenpunkt und Industriestandort.

SEHENSWERT
Auf einer Insel zwischen den Flüssen Driksa und Lielupe thront das größte baltische barocke **Schloss.** Der Palast der Herzöge von Kurland wurde nach Plänen des russischen Hofarchitekten Rastrelli zwischen den Jahren 1738 und 1772 erbaut. In einem Grabgewölbe ruhen in Sarkophagen die Herzöge. Heute nutzt die Universität für Landwirtschaft die ursprünglich dreiflügelige Anlage.

UMGEBUNG
Die Kleinstadt **Bauska** hat traditionelle Holzhäuser und die Ruine der 1706 im Nordischen Krieg zerstörten Ordensburg (urspr. 15. Jh.), die eine Geschichtsausstellung beherbergt (Bauskas pils, Pilskalns, Bauska; Mai–Sept. 9.00–19.00, Okt. nur bis 16.00, sonst 11.00–17.00 Uhr, www.bauskapils.lv). Das barocke **Schloss Rundāle** TOPZIEL (15 km westl. von Bauska) gehört zu den wichtigsten Zielen Lettlands. Architekt Rastrelli hatte „Ruhenthal“ als Sommersitz für Ernst Johann von Biron, einen Günstling der Zarin Anna Iwanowna, entworfen. 1735 wurde der Bau begonnen, doch da der Bauherr zwischenzeitlich in Ungnade gefallen und nach Sibirien verbannt worden war, konnte er erst 1764 vollendet werden (Pilsrundale, Museum: Mai–Okt. 10.00–18.00, sonst Di.–So. 11.00–17.00 Uhr, www.bauskaspils.lv)

INFORMATION
Tūrisma Informācijas Centrs, Rātslaukums 1, LV-3901 Bauska, Tel. 63 92 37 97, www.tourism.bauska.lv

Tipp

Ein Märchen am Wegesrand

Der kleine **Naturpark Tērvete** (Tērvetes Dabas Parks; 30 km südl. von Jelgava) ist ein hügeliges Naturkleinod – und ein geschichtsträchtiger Boden. Auf mehreren der verstreuten Erhebungen standen früher hölzerne Burgen; auch Reste von Ordensfestungen sind noch zu finden. Seit Kurzem ist das malerische Flusstal erschlossen. Durch den Park führen Wanderwege; die Holzskulpturen, die diese säumen, illustrieren Märchen von Anna Brigadere (1861–1933), einer in Lettland sehr populären Autorin. Es gibt auch einen Aussichtsturm, einen Vogelpfad und Spielplätze.

❹ Liepāja

Ursprung des auf Deutsch *Libau* genannten Ortes waren Fischerdörfer an einem meist eisfreien Naturhafen, der Ende des 19. Jh.s Marinestützpunkt wurde. Während der Sowjetzeit war Lettlands drittgrößte Stadt militärisches Sperrgebiet und hat deshalb immer noch großen Sanierungsbedarf. Ein Besuch der Altstadt lohnt dank schöner Jugendstilbauten, Speicher, Bürgerhäuser und Kirchen. Wenige Minuten braucht man vom Zentrum zum Strand, wo die Blaue Fahne weht. Der 50 ha große Küstenpark wurde Anfang des 20. Jh.s mit Badeanstalt, Kurhaus und schönen Sommerhäusern angelegt.

SEHENSWERT
Die **Dreifaltigkeitskirche** mit üppiger Innenausstattung und Lettlands größter Orgel wurde zwischen 1742 und 1758 für die deutsche Gemeinde hier erbaut. In der Kungu iela wohnte 1697 Zar Peter I.; die Einheimischen nennen das unscheinbare Haus **Peters Häuschen**.

UNTERKUNFT
Im **Roze** wohnt man in Strandnähe in nostalgischer Jugendstilatmosphäre (Rožu iela 37, Tel. 63 42 11 55, www.parkhotel-roze.lv).

UMGEBUNG
Der **Pape-See** (Papes ezers; südl. nahe der Grenze zu Litauen), über 50 ha groß, gehört zu einem kleinen Naturpark. Der WWF hat 35 km Wander- und Radwege angelegt, die am Naturzentrum des WWF in Papes beginnen.

INFORMATION
Tūrisma Informācijas Birojs, Rožu laukums 5/6, LV-3401, Tel. 63 48 08 08, liepaja.travel

❺ Kuldīga

Auch diese ruhige Kleinstadt an der Venta (auf Deutsch Goldingen) geht auf eine Ordensburg zurück. Die älteste Stadt Kurlands war im 15. Jh. Hansemitglied und später Bischofssitz, doch als der Bischofssitz nach Jelgava verlegt wurde, verlor die Stadt an Bedeutung. Erst das 19. Jh. brachte mit der Industrie neuen Wohlstand.

SEHENSWERT
Hier gibt es ungezählte alte **Holzhäuser** aus dem 18. und 19. Jh., und an der Baznīcas iela steht das älteste Haus Kurlands (1670; Nr. 7). Die **Dreieinigkeitskirche**, 1640 im Stil der italienischen Renaissance erbaut, hat einen schönen barocken Innenraum (Raiņa iela 6). In der Stadt bildet der Fluss den Wasserfall **Ventas Rumba**; er ist nur 2–3 m hoch, aber mit 110 m Breite sehr imposant. Von der alten Backsteinbrücke hier hat man den besten Blick auf die Stromschnellen.

UNTERKUNFT
Zentral im Herzen der Altstadt gelegen ist das **Hotel Metropole** mit seiner (in den Sommer-

monaten geöffneten) Gartenfassade (Baznîcas iela 11, Tel. 63 35 05 88, www.hotel-metropole.lv).

UMGEBUNG
55 km östlich im Abavatal feiert **Sabile**, das wohl nördlichste Weinbaugebiet der Welt, im Juli sein Weinfest. Das Freilicht-Kunstmuseum in **Pedvāle**, 1993 vom Bildhauer Ojars Arvids Feldbergs initiiert, zeigt rund 150 Werke verschiedener Künstler (Mai–Mitte Okt. tgl. 10.00 bis 18.00, sonst bis 16.00 Uhr, www.pedvale.lv).

INFORMATION
Tūrisma Informācijas Centrs, Baznīcas iela 5, LV-3301 Kuldīga, Tel. 63 32 22 59, visit.kuldiga.lv

6 Ventspils

Dank des ganzjährig eisfreien Hafens ist Windau an der Mündung der Venta seit dem 13. Jh. Lettlands wichtigste Hafenstadt. Trotz der vielen Industrie weht über ihrem Strand schon seit 1999 die Blaue Flagge.

SEHENSWERT
Die kleine **Altstadt** wurde in den letzten Jahren gründlich saniert; die ältesten Gebäude stammen vom Beginn des 17. Jh.s. Im Stadtteil **Ostgals** locken historische Holzhäuser.

MUSEEN
In der restaurierten **Burg** des Livländischen Ordens (13. Jh.) erzählt das **Stadtmuseum** die Geschichte von Stadt und Burg (Jāņa iela 17, www.muzejs.ventspils.lv, Di.–So. 10.00–18.00 Uhr). Das **Küsten-Freilichtmuseum**, dem alten Fischerleben Lettlands gewidmet, bietet eine Schmalspurbahn, Boote und eine Ankersammlung (Riņķa iela 2, www.muzejs.ventspils.lv; Mai–Okt. Mi.–So. 10.00–18.00 Uhr, sonst nach Vereinbarung).

AKTIVITÄT
Eine **Hafenrundfahrt** (mehrmals tgl., 45 Min.) vermittelt einen guten Eindruck von den Industrieanlagen der Stadt. Abfahrt ist an der Kreuzung Ostas und Tirgus iela.

UNTERKUNFT
Der komfortable Campingplatz **Piejūras Kempings** in Strandnähe hat auch moderne Hütten im skandinavischen Stil (Vasarnīcu iela 56, Tel. 63627925, www.camping.ventspils.lv).

UMGEBUNG
Der 150 km² große **Nationalpark Slīteres** (Slīteres Nacionālais Parks) weiter nördlich erstreckt sich bis zur Landspitze Kolka und wird geprägt von Dünenketten, Feuchtsenken, Mooren und Mischwäldern. Mehrere Naturpfade erschließen den Park, die besten Zugänge bieten Kolka und Mazirbe. Bei **Jūrkalne**, 50 km südlich, gibt es eine hübsche Steilküste.

INFORMATION
Tūrisma Informācijas Centrs, Dārza iela 6, LV-3601 Ventspils, Tel. 63 62 22 63, www.visitventspils.com

Genießen Erleben Erfahren

DuMont Aktiv

Park der tausend Möglichkeiten

Das in den Sandstein geschliffene Gauja-Flusstal, die sich durch die Landschaft schlängelnde Gauja selbst. Urwälder, Steilufer, Felsen, Höhlen – der Gauja-Nationalpark hat eine Menge zu bieten! Wassersportler, Radfahrer und Wanderer sowie alle anderen, die die Natur lieben, sind hier genau richtig.

Die beliebteste Fahrradroute führt von Cēsis nach Valmiera. Verfahren kann man sich auf ihr kaum, denn die Strecke ist durchgehend markiert. Wegen der nicht immer gut befahrbaren Wege empfehlen sich dickere Reifen. Wer lieber per pedes unterwegs ist, der kann auch von Sigulda zum Malerberg wandern. Der weite Ausblick auf das Tal der Gauja am Ziel hat schon viele Künstler begeistert. Auch ein Abstecher zur Gutmannshöhle, zur Viktorhöhle oder zur Teufelshöhle lohnt sich.

Etwas mehr Action verspricht allerdings eine Kanutour – zugleich die schönste Möglichkeit, die Flusslandschaft der Gauja mit ihren vielen Höhlen, Grotten und Sandsteinfelsen zu erkunden. Eine beliebte Tagestour führt von Cēsis nach Ligatne; der Abschnitt von Ligatne nach Sigulda ist ebenfalls lohnend.

Wer drei Tage lang Zeit hat, der kann den gesamten Park von Valmiera nach Sigulda mit dem Kanu durchqueren. Dabei bleibt einem auch noch genügend Zeit, an Sehenswürdigkeiten oder landschaftlich schönen Stellen Zwischenstopps einzulegen. Unterwegs gibt es knapp zwei Dutzend Rastplätze mit Feuerstellen und genügend Zeltplätze, die allerdings sehr einfach ausgestattet sind.

Weitere Informationen

Routenvorschläge machen die Touristenbüros in Cēsis, Sigulda und Valmiera sowie das Besucherzentrum des Gauja-Nationalparks: Turaidas iela 2a, Sigulda, Tel. 26 65 76 61, www.gnp.lv
Kanu- und Fahrradverleih: Eži, Beātes iela 30, Valmiera, Tel. 64 20 72 63, www.ezi.lv

Seilbahn. Von Sigulda aus überquert eine Seilbahn in schwindelerregender Höhe das Gauja-Flusstal (Mai–Okt. Mo.–Di. 10.00–19.30, Mi.–So. 10.00–18.00, sonst 10.00–17.00 Uhr). Am Wochenende können Mutige aus der Seilbahn heraus auch Bungeejumping betreiben (www.bungee.lv).

Altstadt als Gesamtkunstwerk

Stolz präsentiert Vilnius, eine der schönsten Altstädte Nordosteuropas, ihre drei Wahrzeichen: den Gediminas-Turm, den Berg der drei Kreuze und das Tor der Morgenröte. Das Häusermeer drumherum prägen spätbarocke Kirchen und Klöster. Aber auch Renaissance und Klassizismus haben in der litauischen Hauptstadt ihre Spuren hinterlassen und bilden mit der vorherrschenden Gotik ein beeindruckendes Gesamtkunstwerk.

Die ursprünglich gotische Kathedrale St. Stanislaus mit ihrer Säulenfront und dem weißen Turm wurde klassizistisch nachgeformt.

Vor dem Schauspielhaus auf dem Gediminas-Prospekt spendet die Skulptur „Fest der Musen" von Stanislovas Kuzma (1947–2012) künstlerische Inspiration.

Als ein Meisterwerk der Spätgotik wird die Kirche St. Annen im sogenannten gotischen Winkel gerühmt (der frei stehende Glockenturm ist allerdings nur eine „gotische Nachahmung" aus dem 19. Jahrhundert). Napoleon zeigte sich von ihrem Anblick so begeistert, dass er sie „auf Händen nach Paris tragen" wollte. Was er dann aber zum Glück unterließ …

Der Gediminas-Prospekt ist heute eine lebendige Flaniermeile der Stadt mit einigen architektonischen Highlights.

Modernes Vilnius: In einer der vielen Bars findet jeder ein Plätzchen für sich allein oder zu zweit.

Die Altstadt mit ihren lauschigen Gassen hat auch manch skurrile Anblicke zu bieten, etwa eine Fassaden-Deko aus Teekannen.

Gründungsmythos

Special

Eiserner Wolf

Ab dem Jahr 1316 bis zu seinem Tod 1341 war Gediminas Großfürst von Litauen. Unter seiner Regentschaft wurde Vilnius gegründet. Der Großfürst war auf einem Jagdausflug und kampierte am Zusammenfluss von Neris und Vilnia. Dort, so geht die Legende, erschien ihm im Traum ein riesiger Wolf. Als er dem Tier noch nicht einmal den geringsten Kratzer zufügen konnte, weil seine Pfeile vom eisernen Wolfsleib einfach abprallten, wachte er lieber auf. Ein eilig befragter Traumdeuter interpretierte den eisernen Wolf als unbezwingbare Burg, die nun an dieser Stelle errichtet werden solle. Zu ihren Füßen werde sich eine blühende Stadt entwickeln, deren Ruf man wie das laute Heulen des Wolfes weithin hören könne. So kam es dann auch – wobei im Litauischen das Wort „laut“ gleichbedeutend mit „berühmt“ sein kann.

Auf einem Hügel am Kathedralenplatz schaut über den Baumwipfeln der achteckige Gediminas-Turm aus roten Backsteinen hervor. Am Fahnenmast auf dem Dach weht weithin sichtbar die Flagge in den litauischen Nationalfarben: Gelb, Grün, Rot. Auf diesen erhebenden Anblick mussten die Litauer allerdings lange warten, denn in der wechselvollen und oft schmerzhaften Geschichte verlor das kleine Land mehrmals seine Souveränität an Polen, Russland und Deutschland. Erstmals gehisst wurde die Nationalflagge auf dem Gediminas-Turm am 1. Januar 1919 nach der Ausrufung des litauischen Staates, doch während der sowjetischen Besetzung nach dem Zweiten Weltkrieg war sie schon wieder verboten. Erst 1988, als die Freiheitsbewegung stark genug war, konnte man es schließlich wagen, die Flagge öffentlich zu zeigen.

Ein günstiger Siedlungsplatz

An der Mündung des kleinen Flüsschens Vilnia in die Neris gab es schon im 11. Jahrhundert und früher Ansiedlungen, doch erst im Jahr 1323 wurde Vilnius in einem Brief des Großfürsten Gediminas erwähnt. Deshalb gilt dieses Datum als Gründungstag der litauischen Hauptstadt. Ab dem späten Mittelalter entwickelte sich Vilnius zu einer der prächtigsten und reichsten Städte Osteuropas. Als „Perle des Barock“ und „Stadt der Kirchen“ gerühmt, konnte sich Vilnius mit Prag und Krakau messen lassen und hat sich bis heute viel von seinem Charme bewahrt. So wurde die Altstadt von der UNESCO zum Erbe der Welt erklärt.

Am Fuß des Burgbergs, wo Gediminas einst übernachtet und geträumt haben soll (siehe das Special, links), setzte man dem Stadtgründer ein Denkmal, das ihn neben seinem Pferd stehend und mit dem Schwert in der Hand zeigt.

Keimzelle und Treffpunkt

Die schneeweiße Kathedrale, die mit ihrer Säulenfront wie ein griechischer Tempel wirkt, ist der Blickfang des weitläufigen Kathedralenplatzes. Hier befand sich die Keimzelle der Stadt, und hier schlägt auch heute noch das lebendige Herz der litauischen Kapitale. Der Platz ist der logische Ausgangspunkt für einen Bummel durch die Altstadt, doch zuerst sollte man sich auf den steilen Weg hinauf zum Burgberg und zum Gediminas-Turm machen, um einen Blick von oben auf Vilnius zu werfen. Aus dieser luftigen Perspektive sieht man nicht nur die immer noch zahlreichen Kirchtürme, sondern auch zwei der wichtigsten Straßen: den breiten Gediminas-Prospekt, der vom Kathedralenplatz schnurgerade nach Wes-

Seinen vielen Kirchen verdankt Vilnius den Beinamen „Rom des Ostens". Oben links: Die Madonnenikone in der Kapelle im Tor der Morgenröte gilt als wundertätig. Oben rechts: Die im Jahr 1387 zu Beginn der Christianisierung des Landes errichtete, im 18. Jh. barock umgebaute Johanneskirche ist älter als die Universität der Stadt, auf derem Gelände sie heute steht. Unten links/rechts: eine Fronleichnamsprozession und ein Skater vor St. Stanislaus.

Im Zentrum der Stadt führt eine moderne Brücke über die Nerv s. Benannt wurde sie nach König Mindaugas I. (um 1203–1263), der sich für die Einigung der fünf Fürstentümer Litauens einsetzte.

Moderne Büros mit gläsernen Fronten wechseln sich mit restaurierten Stuckfassaden ab.

ten führt, und die schmale Pilies gatvė, die älteste, in Richtung Süden verlaufende Straße von Vilnius.

Wo Wünsche wahr werden

Zurück auf dem weiten Platz, über den ständig Menschen flanieren oder auch eilen, sollte man zwischen Kathedrale und Glockenturm noch den kleinen Pflasterstein mit der Aufschrift „Stebuklas“ suchen. Was so viel wie „Wunder“ bedeutet, erinnert an eines der bewegendsten Ereignisse der jüngeren baltischen Geschichte: Hier begann – und endete – die 600 Kilometer lange Menschenkette, die sich am 23. August 1989, dem 50. Jahrestag des Hitler-Stalin-Paktes, von Vilnius bis ins estnische Tallinn zog. Anderthalb Millionen Menschen hatten an diesem Tag so friedlich wie eindrucksvoll gegen die Annektierung der baltischen Staaten durch die Sowjetunion demonstriert und mehr Autonomie für ihre Nationen gefordert. Ihr Wunsch ist in Erfüllung gegangen, und deshalb glauben viele, dass an diesem Ort auch alle anderen Wünsche wahr werden.

Boomtown Vilnius

Wie jede baltische Hauptstädte ist auch Vilnius seit der Unabhängigkeit eine regelrechte Boomtown. Überall wird gebaut und saniert; gerade so, als ob man all die verlorenen Jahre hinter dem Eisernen Vorhang im Rekordtempo aufholen wolle. Und die hiesigen Wachstumsraten gehörten jahrelang zu den höchsten in der Europäischen Union.

Auch der Gediminas-Prospekt hat sich in den letzten Jahren von einer grauen, langweiligen Straße zu einem modernen Boulevard westlichen Zuschnitts verwandelt. Hotels und Büros mit gläsernen Fronten wechseln sich mit restaurierten Stuckfassaden ab. Vilnius, einst eine graue Maus, legte sich mittlerweile das Flair einer modernen europäischen Großstadt zu. Das kleine Litauen hat all seine Kraft und Euphorie in die Hauptstadt gesteckt. Doch vieles ist immer noch eher Wunschdenken, denn Schuhgeschäfte und Boutiquen offerieren edle Marken, die für die meisten Litauer weit jenseits ihrer finanziellen Möglichkeiten liegen. Das gilt umso stärker in Zeiten der Wirtschaftskrise. Nur eine Minderheit ist nach der Unabhängigkeit reich geworden, viele kommen gerade so über die Runden, andere sind inzwischen ganz durch das weitmaschige soziale Netz gefallen.

Stadt und Land

Der Rest des Landes konnte in den Wachstumsjahren mit Vilnius nicht mithalten

Jährlich rund 60 000 Besucher zählt das Zentrum für zeitgenössische Kunst, die größte Ausstellungshalle des Baltikums.

Vilnius ist im Westen angekommen: Das zeigt auch das riesige Einkaufszentrum „Europa".

und musste notgedrungen ein gemächlicheres Tempo anschlagen. Auf dem Land, in den kleinen Dörfern fernab der Boomtown Vilnius, ist der Unterschied besonders deutlich. Hier wird es noch lange dauern, bis man ganz im moderne Europa angekommen ist.

Jüdisches Leben Special

Ausgelöscht

In Vilnius blickt man auf eine 600-jährige jüdische Vergangenheit zurück. Als Besucher findet man davon allerdings heute kaum noch Spuren.

Kreuzzugsstimmung und zunehmende Pogrome ließen viele Juden des mittelalterlichen Europas nach Osten ausweichen. Das sich gerade entwickelnde Litauen nahm Ankommende gerne auf. Als letztes Land des Kontinents christianisiert, kannte es keinen religiös begründeten Antisemitismus. So entwickelte sich die Stadt zum Zentrum der jüdischen Aufklärung, in dem vor dem Jahr 1914 rund 100 000 Juden lebten. Zum jüdischen Alltag gehörten Hebräisch- und Jiddischunterricht in den Schulen, Tageszeitungen erschienen in mehrsprachigen Ausgaben. Persönlichkeiten wie Albert Einstein, Marc Chagall und Sigmund Freud setzten sich für das Jiddische ein.

Mit der Okkupation durch die Sowjets 1939 kam es zu den ersten Deportationen nach Sibirien, den Einmarsch der Deutschen überlebten kaum fünf Prozent der litauischen Juden. Im Wald von Ponar, zehn Kilometer außerhalb der Stadt, erschossen die Nazis etwa 100 000 Menschen, darunter 70 000 Juden.

BERNSTEIN

Das baltische Gold

Bernstein gehört zu den beliebtesten Souvenirs aus den baltischen Ländern. In allen Formen, Farben und Größen, in Souvenirläden, bei Kunsthandwerkern und fliegenden Händlern wird er angeboten.

Bernsteinfischer gewinnen die goldgelben Brocken noch auf ganz traditionelle Weise.

Zwischen November und März ist die beste Zeit für die Bernsteinfischer. Wenn sich die Ostsee mit eisigem Wind und Schaumkronen von ihrer ungemütlichsten Seite zeigt, wird der Bernstein vom Meeresgrund hochgespült. Von Polen bis Lettland machen sich dann die Strandanrainer auf die Jagd nach dem goldgelben Stein, der genau genommen kein Stein, sondern fossiles Harz ist. Da größere Brocken nur äußerst selten angespült werden, müssen die Bernsteinfischer hinaus in die Brandungszone. Die Arbeit im eiskalten Wasser der Ostsee ist hart, und selbst erfahrene Bernsteinfischer erbeuten während eines ganzen Winters nur einige Kilogramm.

Goldgelbe Tradition

Das Bernsteinfischen hat speziell in Litauen eine jahrhundertelange Tradition, doch nicht immer konnten die Strandbewohner so frei wie heute nach Bernstein suchen. Im 13. Jahrhundert sicherte sich der Deutsche Orden das alleinige Recht des Bernsteinhandels. Wer beim illegalen Sammeln und Handeln erwischt wurde, dem drohte drastische Vergeltung bis hin zur Todesstrafe. Da Bernstein früher das wichtigste Handelsgut der Balten war, konnten die jeweiligen Machthaber damals viel Geld mit dem goldgelben Schmuckstein verdienen.

Bis ins 19. Jahrhundert hinein wurde Bernstein hauptsächlich an den Stränden gesammelt, allerdings in relativ geringen Mengen, und das Vorkommen verringerte sich zunehmend. Heutzutage werden Hunderte von Tonnen im industriellen Bernsteintagebau gefördert, wobei sich aber nicht alles geförderte Material auch zur Schmuckherstellung eignet.

Ein einmaliger Einblick

Entstanden ist der baltische Bernstein vor 40 bis 50 Millionen Jahren in einem Waldgürtel, der sich vermutlich im Bereich der heutigen nördlichen Ostsee ausbreitete. Das in großen Mengen von den Bäumen tropfende Harz wurde in Lehm- und Tegelböden eingeschlossen und versteinerte mit der Zeit. Tektonische Verschiebungen lagerten schließlich im Lauf von Jahrmillionen die Blaue Erde in den Küstenregionen des heutigen Baltikums ab. Für Wissenschaftler, aber auch für Sammler interessant sind die im Berstein enthaltenen Einschlüsse kleiner Tiere und Pflanzen, die damals in den Kiefernwäldern gelebt haben. Diese

In fossilem Harz eingeschlossene Insekten geben Aufschluss über längst vergangene Perioden der Erdgeschichte.

Bernsteinschmuck steht vor allem Menschen mit blondem Haar oder einem warmen Teint.

Inklusen sind zwar recht selten, doch in der Regel sehr gut konserviert und geben einen einmaligen Einblick in die Tier- und Pflanzenwelt vor 40 bis 50 Millionen Jahren.

Begehrtes Gut

Schon in der Bronzezeit war Bernstein eine begehrte Handelsware. Schnell verbreitete er sich bis nach Italien und Griechenland; selbst bis nach Ägypten gelangte er. Die Wikinger brachten das fossile Harz bis nach Russland und Byzanz. Da sich Bernstein leicht bearbeiten ließ, eignete er sich hervorragend zur Schmuckherstellung und für Verzierungen.

Das bekannteste Kunstwerk ist das Bernsteinzimmer, das 1712 für den Preußenkönig Friedrich Wilhelm I. gefertigt wurde. Vier Jahre später erhielt Zar Peter I. das Zimmer als Geschenk und ließ es im Katharinenpalast bei St. Petersburg einbauen. 1941 ließ es die deutsche Wehrmacht demontieren, nach Königsberg bringen und teilweise ins Schloss integrieren. Nach einem Brand im Königsberger Schloss im Jahr 1944 wurde das Bernsteinzimmer erneut demontiert und wahrscheinlich im Keller eingelagert. Danach verliert sich seine Spur. Bis heute ist das Bernsteinzimmer nicht wieder aufgetaucht.

Bernstein, Börnstein, Brennstein

Wer ein Schmuckstück aus Bernstein mit nach Hause nehmen möchte, der sollte vor allem das Angebot der Museumsläden in Augenschein nehmen, denn hier bekommt man mit ziemlicher Sicherheit echte Stücke. Straßenhändler bieten dagegen schon mal gepresstes Kunstharz als Bernstein an. Nur echter Bernstein lädt sich elektrisch auf: Nachdem man ihn an einem Stück Stoff gerieben hat, haften kleine Papierstücke daran. Im Gegensatz zu Kunstharzstücken kann Bernstein leicht angezündet werden (das sollte man bei Bernsteinschmuck allerdings nicht ausprobieren!). Daher eignet er sich auch als Weihrauchersatz. Von der Brennbarkeit hat der Bernstein auch seinen ursprünglichen deutschen Namen Börnstein, was soviel wie Brennstein bedeutet.

Bernstein erleben

Palanga
Das Bernsteinmuseum im ehemaligen Schloss besitzt eine der größten Bernsteinsammlungen Europas mit rund 4500 Exponaten (Vytauto 17, www.pgm.lt, Juni–Aug. Di.–Sa. 10.00–20.00, So. bis 19.00, sonst Di.–Sa. 11.00–17.00, So. bis 16.00 Uhr).

Vilnius
Im Bernsteinmuseum sind eine Galerie und eine Verkaufsausstellung für hochwertigen Bernsteinschmuck zu finden. Der größte Stein des Museums wiegt mehr als 2 kg (Šv. Mykolo 8, www.ambergallery.lt, tgl. 10.00–19.00 Uhr).

Auch äußerst grazile
Kunstwerke lassen sich
mit Bernstein herstellen.

Vilnius
Maßstab 1:13.000
0
300m
SNIPISKĖS
CENTRAS
TAURAKALNIS
SENAMIESTIS
NAUJAMIESTIS
RASOS
Neris
Vilnia
Konstitucijos prosp.
Kalvarijų gatvė
Šeimyniškių gatvė
A. Goštauto
Žygimantų gatvė
Arsenalo
Vrublevskio
Gedimino prospektas
J. Jasinskio gatvė
Pamėnkalnio gatvė
J. Basanavičiaus gatvė
Pylimo gatvė
Vilniaus gatvė
Jogailos gatvė
Maironio g.
Maironio gatvė
Švitrigailos gatvė
V. Kudirkos gatvė
Naugarduko gatvė
Kauno gatvė
V. Sopeno
Seinų gatvė
Geležinkelio
Panerių gatvė
Liepkalnio gatvė
M. Daukšos g.
Bazilijonų gatvė
Sventaragio
Geležinio Vilko gatvė
Lentpjūvių
Lukiškių
J. Tumo-Vaižganto gatvė
Nacionalinė galerija
Žaliasis tiltas
Baltasis tiltas
Pilies tiltas
Žalgirio stadionas
Koncertų ir sporto rūmai
Lukiškių aikštė
Arkikatedra Bazilika
Gedimino kalnas
Aukštutinės pilies liekanos
Žemutinės pilies muziejus
Lietuvos nacionalinis muziejus
Vilniaus Universitetas
LR Prezidentūra
Rotušės aikštė
Vilniaus rotušė
Aušros Vartų gatvė
Centrinė turgavietė
Stotis
Autobusų stotis
Užupio
Lokomotyvo stadionas
1
2
3
4
5
6
7
8
9
10
11
12
13
14
15
16
17
18
19

Das „Rom des Ostens“

Vilnius war von Anfang an weltoffen, denn schon Großfürst Gediminas lud Handwerker und Kaufleute in die Stadt ein und lockte mit Privilegien. Die strategisch günstige Lage zwischen Ost und West ermöglichte den Handel sowohl mit Russland als auch mit den Hansestädten der Ostsee.

Vilnius

Bald nach der Gründung im Jahr 1323 entwickelte sich Vilnius zu einem wichtigen Wissenschafts-, Kultur- und Handelszentrum. Durch die Vereinigung Litauens mit Polen 1569 verlor Vilnius zwar an Bedeutung, war aber Anfang des 19. Jh.s wieder drittgrößte Stadt Osteuropas. 1579 wurde Osteuropas älteste Universität gegründet, an der heute rund 23 000 Studenten eingeschrieben sind. Kriege im 17. Jh., der Große Nordische Krieg ab 1700 und einige Großbrände unterbanden die weitere wirtschaftliche Entwicklung. Von 1795 bis 1917 gehörte die Stadt zum Russischen Reich, 1920 bis 1939 zu Polen. Zu Beginn des 20. Jh.s lebten in Vilnius rund ein Drittel Juden, nach dem Einmarsch der Deutschen 1941 erlosch das jüdische Leben der Stadt. Heute hat die Kapitale rund 560 000 Einwohner, darunter 57,8 % Litauer, 18,7 % Polen, 14 % Russen und 4 % Weißrussen.

Oben: Universitätshof mit der Johanneskirche. Rechts oben: neoklassizistische Kapelle im Tor der Morgenröte. Darunter: im Lesesaal der Universitätsbibliothek

INFORMATION
Turizmo Informacijos Centras,
Vilniaus g. 22, LT-01119 Vilnius,
Tel. 52 62 96 60, www.vilnius-tourism.lt

SEHENSWERT
Der ❶ **Gediminas-Turm** auf dem Burgberg ist ein Rest der Oberen Burg aus dem 13. Jh.; von ihm hat man den besten Blick auf die Altstadt. Im Turm befindet sich ein kleines Museum, das die Geschichte der Burg zeigt (Gedimino Pilies Bokštas, Arsenalo 5; Mai–Sept. tgl. 10.00–19.00, sonst bis 17.00 Uhr, www.lnm.lt). Im 16. Jh. diente die **Untere Burg** als Residenz der Großfürsten Litauens. Die mehrmals niedergebrannte und wieder aufgebaute Burg verlor nach dem 17. Jh. ihre repräsentative Funktion und wurde 1802 gesprengt. Archäologen sind seit Jahren mit Ausgrabungen beschäftigt (Di.–Sa. 10.00 bis 18.00, Do. bis 20.00, So. bis 16.00; www.valdovurumai.lt). Auf dem ❷ **Berg der drei Kreuze** (Trijų Kryžių Kalnas) sollen 1333 sieben Franziskanermönche von Heiden getötet worden sein; vier wurden angeblich in den Fluss geworfen, drei blieben an Kreuzen hängen. Zur Erinnerung an diese Märtyrer stellte man auf dem Hügel Kreuze auf. Die von Jesuiten 1579 gegründete ❸ **Universität** TOPZIEL in der Altstadt vereint alle Baustile der letzten 400 Jahre. Mit ihren zwölf Innenhöfen bildet sie ein eigenes kleines Stadtviertel. Besonders beeindruckend sind der Große Hof mit den Arkadengängen, die in das Ensemble integrierte **Johanneskirche** (Šv. Jonų) mit ihrer prächtigen Fassade aus symmetrischen Kompositionen und geschwungenen Formen sowie die Universitätsbibliothek mit rund 4 Mio. teils kostbaren Bänden und dem prunkvollen Lesesaal (Universiteto 3; Anmeldung zur Besichtigung im Buchladen am Hof der Bibliothek, online www.mb.vu.lt oder Tel. 52 68 71 03). Zwischen der Aušros vartų (Straße des Tores der Morgenröte), Didžioji (Große Straße) und Vokiečių (Deutsche Straße) erstreckt sich der ❹ **Rathausplatz**. Schon im Mittelalter war der dreieckige Platz ein wichtiges Zentrum der Stadt, an dem sich alle Handelswege kreuzten. Das **Rathaus** wurde im 18. Jh. nach einem Brand klassizistisch neu errichtet; heute finden im Innern Kunstausstellungen statt (Didžioji 31). Das dreistöckige ❺ **Tor der Morgenröte** (Aušros vartai, 1503–1522 und 17. Jh.) ist das einzige erhaltene Tor der Stadtmauer. Auf der Stadtseite über dem Torbogen befindet sich eine kleine neoklassizistische Kapelle mit einem wahrscheinlich aus dem 16. Jh. stammenden Bild der Muttergottes; im 17. Jh. wurde es für wundertätig erklärt und wird seither von vielen Pilgern besucht (Aušros vartų g. 14, www.ausrosvartai.lt). Im Jahr 1387 begann man am Fuß des Gedimino-Hügels mit dem Bau der ersten gotischen ❻ **Kathedrale St. Stanislaus**, die wegen zahlreicher Kriege, Brände und des weichen Untergrunds mehrmals um- und aufgebaut wurde; ihr klassizistisches Aussehen und den Portikus mit den sechs dorischen Säulen erhielt sie 1777. Der separate, 57 m hohe Glockenturm entstand über einem Turm der Unteren Burg; sein heutiges Aussehen bekam er im Jahr 1801 (Arkikatedra Bazilika, Katedros 1; www.katedra.lt, tgl. 7.30–20.00 Uhr). Der **Kathedralenplatz** gilt als der wichtigste Veranstaltungsort der litauischen Hauptstadt. Die spätgotische Kirche ❼ **St. Annen** TOPZIEL (Šv. Onos Bažnyčia) soll um 1500 von den Franziskanern errichtet worden sein; ein hölzerner Vorgängerbau wurde schon 1394 erwähnt. Benannt ist die Kirche vermutlich nach der Frau

des Großfürsten Vytautas. Der heutige Backsteinbau zählt zu den bemerkenswertesten Kirchen von Vilnius; in dem äußerst harmonisch gestalteten Mauerwerk wurden 33 Ziegelarten verbaut. Mit der benachbarten gotischen **Bernhardinerkirche** (Sv. Bernadinų), im Innern mit Elementen des Barock und der Renaissance, bildet St. Annen ein ungewöhnliches Paar. Diese Ecke der Altstadt ist als gotisches Ensemble oder gotischer Winkel bekannt (Maironio 8 u. 10, www.bernardinuansamblis.lt; Besichtigung der Bernhardinenkirche: Mo.–Fr. 7.00–19.00, Sa./So. 8.00–19.00 Uhr). Führungen nach Voranmeldung (Tel. 68 24 02 16), auch auf Englisch (mind. 8 Pers., Di.–Sa. 10.00–17.00 Uhr). Die russisch-orthodoxe 8 **Heiliggeistkirche** und das Kloster wurden 1567 von der Bruderschaft der Dreieinigkeit gebaut. Der außen eher schmucklose Bau ist eine der wichtigsten orthodoxen Kirchen des Landes und überrascht mit einem prunkvoll ausgestatteten Innenraum. Besonders sehenswert ist die barocke Ikonostase. Durch ein neobyzantinisches Tor gelangt man in den Hof und kann den gesamten Komplex aus Kirche, Frauen- und Männerkloster betrachten (Šv. Dvasios Cerkve, Aušros-vartų 10; Besichtigung: tgl. 10.00–17.00 Uhr). Die im Jahr 1894 im maurischen Stil erbaute 9 **Synagoge** ist das einzige erhalten gebliebene der einst 105 jüdischen Gebetshäuser. An der Fassade steht in hebräischer Sprache die Inschrift: „Ein Gebetshaus ist heilig für alle Völker" (Pylimo 39). Die Heiliggeistkirche in der Dominikonų wird nach ihren Erbauern auch 10 **Dominikanerkirche** genannt. Das 1753 bis 1770 spätbarock errichtete Gotteshaus zählt zu den schönsten Baudenkmälern der Stadt; ihr Rokokoinneres zeigt eine wertvolle Innenausstattung mit 16 Altären (Dominikonų g. 8, tgl. 15.00–19.00 Uhr). 11 **St. Peter und Paul** (Šv. Petro ir Povilo, 1667–1676) überrascht im Inneren mit barocker Pracht. Decken, Wände und Gewölbe sind bis zum letzten Quadratzentimeter mit rund 2000 weißen Stuckfiguren verziert. Heilige und Teufel, biblische und mythologische Szenen sind hier dicht beieinander zu finden (Antakalnio 1; tgl. 6.00 bis 18.30 Uhr).

Tipp

Fluxus in Vilnius

Das 19 **Zentrum für zeitgenössische Kunst** (Šiuolaikinio meno centras, ŠMC, bzw. Contemporary Art Center, CAC) ist mit 2400 m² Fläche für wechselnde Ausstellungen das größte Kunstzentrum des Baltikums. Als permanente Einrichtung gezeigt wird ein Fluxus-Kabinett, benannt nach George Maciunas (Jurgis Mačiūnas, 1931–1978), dem litauischstämmigen Fluxus-Papst und Begründer dieser Bewegung. Mit fast 100 Werken ist es das größte seiner Art weltweit.

CONTEMPORARY ART CENTER
Vokiečių 2, Tel. 521 2 19 45, www.cac.lt, Di.–So. 12.00–20.00 Uhr

Oben: Lenin als dekoratives Element in einer der zahlreichen Altstadtkneipen. Rechts oben: Blick an der von dem litauischen Bildhauer Gediminas Jokūbonis entworfenen Statue des polnischen Dichters Adam Mickiewicz vorbei auf die St. Annen benachbarte Bernhardinerkirche. Darunter: in der St.-Peter-und-Paul-Kirche

MUSEEN

Das im Jahr 1855 gegründete 12 **Nationalmuseum** zeigt eine umfangreiche Sammlung von Exponaten zur litauischen Geschichte; die ethnografische Abteilung widmet sich dem Alltagsleben der verschiedenen Regionen Litauens (Lietuvos Nacionalinis Muziejus, Arsenalo 1, www.lnm.lt; Mai–Sept. Di.–So. 10.00–18.00 Uhr). Über das jüdische Leben in Vilnius einst und jetzt informiert das 13 **Jüdische Museum** (www.jmuseum.lt). Es schildert eindrücklich, was mit der jüdischen Bevölkerung während der nationalsozialistischen Terrorherrschaft geschah. Untergebracht ist das Museum in verschiedenen Gebäuden: Tolerance Center, Naugarduko 10/2, Mo.–Do. 10.00–18.00, Fr., So. 10.00–16.00 Uhr; Holocaust exhibit (The Green House), Pamėnkalnio 12, Mo.–Do. 9.00–17.00, Fr. 9.00–16.00, Sa. 10.00–16.00 Uhr; Memorial Museum of Paneriai, Agrastų 15, Di.–Fr., So. 9.00–17.00 Uhr. Auch das 14 **KGB-Museum** ist einem dunklen Kapitel der Geschichte gewidmet, den Repressionen durch die Sowjets und dem antisowjetischen Widerstand. Beklemmend realistisch sind die ehemalige Erschießungskammer und das KGB-Gefängnis (Genocido Aukų Muziejus, Aukų 2a, www.genocid.lt/muziejus; Mi.–Sa. 10.00–18.00, So. nur bis 17.00 Uhr). Das Litauische Kunstmuseum unterhält mehrere Zweigstellen (Lietuvos Dailės Muziejus, www.ldm.lt; alle Di.–Sa. 11.00–18.00, So. 12.00 bis 17.00 Uhr). In der 15 **Gemäldegalerie** sind in einem im Jahr 1825 klassizistisch umgebauten Palast litauische Gemälde, Grafiken und Skulpturen vom 16. bis zum Beginn des 20. Jh.s zu sehen (Vilniaus paveikslų galerija, Didžioji 4). Im 16 **Radzivill-Palais** zeigt das Kunstmuseum hauptsächlich große thematische Wechselausstellungen (Radvilų rūmai, Vilniaus 22, www.ldm.lt/RRM/Index.htm, Di.–Sa. 11.00–18.00, So. 12.00–17.00 Uhr). Im 17 **Museum für angewandte Kunst** sind Ausstellungen zur Kulturhauptstadt 2009 sowie zum 1000. Jahrestag des Namens „Litauen" zu sehen. Außerdem dient das Museum als Ort für kulturelle Veranstaltungen und Konzerte (Taikomosios Dailės Muziejus, Arsenalo 3a, www.ldm.lt/TDM/Index.htm, Di.–Sa. 11.00–18.00, So. nur bis 16.00 Uhr). In dem ehemaligen Stadttheater informiert das 18 **Litauische Museum des Theaters, der Musik und des Films** ausführlich über Theater- und Filmschauspieler sowie über wichtige Film- und Theaterproduktionen der Vergangenheit (Lietuvos teatro, muzikos ir kino muziejus, Vilniaus 41, www.ltmkm.lt, Di., Do. u. Fr. 11.00–18.00, Mi. bis 19.00, Sa. bis 16.00 Uhr).

EINKAUFEN

Holzschnitzereien sind beliebte Mitbringsel; in der Pilies gatvė kann man bei verschiedenen Kunsthandwerkern die Angebote vergleichen. Bei **Hochprozentigem** sind Kvietino-Wodka oder eine Flasche Krupnikas-Honiglikör eine gute Wahl; auch die Liköre Palanga, Dainava oder Sokoladinis werden gern getrunken.

RESTAURANTS

Litauische und recht deftige Küche gibt es im **Amatininkų Užeiga** zentral am Rathaus (Didžioji 19, Tel. 68 72 23 66, www.amatininkai.lt). Früher war Vytenis Urba ein in Litauen bekannter Basketballspieler, nun betreibt er das **Marceliukės Klėtis**, eine ungewöhnliche Mischung aus Taverne und Museum mit rustikal-ländlichem Ambiente sowie hin und wieder Livemusik

„Vilnius fehlt es an Postkartenschönheit, wofür man nur dankbar sein kann." Antanas Venclova

(Tuskulėnų 35, Tel. 527 25 087, www.marceliu keskletis.lt). Über eine enge Treppe gelangt man in das **Kellerrestaurant Lokys**. In mittelalterlichem Ambiente kann man hier vorzüglich speisen, wer Mut für Neues hat, kann sich sogar Biber bestellen (Stiklių 8, Tel. 52 62 90 46, www.lokys.lt). Das **St. Peterburgas** gilt als bestes russisches Restaurant in Vilnius (Antakalnio 39, Tel. 52 34 66 50).

UNTERKÜNFTE

Luxus gepaart mit dezenter Eleganz erwartet den Gast im **Astorija**; das **Hotelrestaurant** zählt zu den besten der Stadt (Didžioji 35/2, Tel. 52 12 01 10, www.radissonblu.com). Fünf-Sterne-Komfort hält auch das **Narutis Hotel** mitten in der Altstadt für seine Gäste bereit; im Kellergewölbe serviert man in einem gemütlichen **Restaurant** litauische und mediterrane Küche (Pilies 24, Tel. 52 12 28 94, www.narutis.com). Von einigen Zimmern des luxuriös-modernen **Hotel Amberton** kann man dem Treiben auf dem Kathedralenplatz zusehen (Stuokos-Gucevičiaus 1, Tel. 52 10 74 61, www.ambertonhotels.com). Wer rund 15 Minuten zu Fuß in die Altstadt in Kauf nimmt, der findet im **Ecotel Vilnius** relativ günstige Übernachtungsmöglichkeiten (Slucko 8, Tel. 52 10 27 00, www.ecotel.lt). Charmant und persönlich ist das **Grybas House.** Der Familienbetrieb hat nur zehn Zimmer in einem stimmungsvollen Haus aus dem 16. Jh. und ein gemütliches **Kellerrestaurant** (Aušros-vartų 3a, Tel. 261 96 95, www.grybashouse.com).

VERANSTALTUNGEN

Beim **Fasching** tanzen und singen die Verkleideten. In Vilnius wird der **Johannistag** am Ufer der Neris gefeiert. Das **Vilnius-Festival** im Juni ist etwas für Liebhaber von Jazz und klassischer Musik. Die **Tage der Hauptstadt** im September sind ein außerordentlich buntes Fest, bei dem traditionelle und moderne Musik gespielt, aber auch Ausstellungen und Theatervorstellungen geboten werden. Das **Musikfestival Gaida** im Oktober ist die größte Veranstaltung für zeitgenössische Musik.

UMGEBUNG

Der **TV Bokštas** (Fernsehturm; westl. außerhalb des Cityplans) von Vilnius ist mit 326 m das höchste Gebäude Litauens, auf 168 m gibt es eine Aussichtsplattform und ein Café (tgl. 11.00–22.00 Uhr). Während der Demonstrationen zur Unabhängigkeit griffen sowjetische Truppen 1991 Demonstranten am Fernsehturm mit Panzern an, 14 Zivilisten kamen dabei ums Leben; eine Ausstellung zu Ehren der Opfer befindet sich im ersten Stock des Turms (Sausio 13-osios 10, Tel. 52 52 53 33, www.tvbokstas.lt). Die 1960 eröffnete Gedenkstätte **Paneriai** liegt westl. von Vilnius im Paneriai-Wald, wo im Zweiten Weltkrieg 100 000 Menschen, vorwiegend Juden, ermordet wurden. Seit 1985 werden in einem zweistöckigen Gebäude persönliche Sachen der Opfer sowie Kopien von Dokumenten und Fotografien, die während der Grabungen am Ort des Massenmordes gefunden wurden, ausgestellt (Agrastų gatvė 15, Di.–So. 9.00–17.00).

Genießen Erleben Erfahren

DuMont Aktiv

Unabhängig und frei

Sie haben einen Traum: Unabhängig von Litauen, von Vilnius und generell von allen Zwängen wollen die rund 7000 Einwohner der Republik Užupis sein. In dem kleinen Stadtteil am Rand der litauischen Hauptstadt Vilnius leben viele Künstler, und ihr Motto lautet: „Jeder hat das Recht, glücklich zu sein!"

Der Name „Užupis" bedeutet „jenseits des Flusses". Wer die Brücke unweit des gotischen Ensembles über die Vilnia überschreitet, kommt zum Ortsschild „Užupio Res Publika". Wenige Schritte weiter liegt auf der linken Seite das „Užupio Kavine". Auf den ersten Blick ist es nur ein Café mit schöner Terrasse, doch es ist auch das Parlamentsgebäude der schrägen Republik. Eine Bronzetafel mit den 41 Artikeln der Verfassung hängt an der Außenwand. Eines der wichtigsten Anliegen der Freistaatler ist das Feiern, so auch am 1. April, dem Jahrestag der Gründung. Im Geiste sympathisieren sie mit dem dänischen Freistaat Christiania und dem Pariser Künstlerviertel Montmartre, aber auch mit dem Rockmusiker Frank Zappa und dem Dalai Lama, der hier schon zu Besuch war.

Die Hauptstraße führt zum zentralen Platz, auf dem auf einer hohen Säule ein Posaunenengel thront, das Wahrzeichen von Užupis. Beim Blick in die verschachtelten Seitenstraßen wird schnell klar, dass Užupis eines der ältesten Stadtviertel ist. Noch sind nicht alle Spuren der jahrzehntelangen Vernachlässigung verschwunden, doch das stört niemanden: In Užupis gehen die Uhren langsamer. Originelle Feste, Ausstellungen, Galerien, Konzerte, Theateraufführungen und Lesungen machen neben den oft fantasievoll hergerichteten Häusern seinen Charme aus. Zum Ausklang des Užupis-Spaziergangs bietet sich ein Besuch des Užupio kavinės an.

Weitere Informationen

Užupio Kavinė, Užupio 2, Tel. 52 12 21 38, www.uzupiokavine.lt, tgl. bis 23.00 Uhr. Restaurant-Café mit Terrasse direkt am Eingang zum Bohème-Viertel.

Užupio-Galerie, Užupio 3–1, Tel. 52 31 23 18, www.uzupiogalerija.lt, Goldschmiedearbeiten und Metallskulpturen.
www.touristinformation.de

Willkommen in der Republik Užupis!

Tiefe Wälder, feiner Sand

Die größte und traditionsreichste der baltischen Republiken ist ein grünes, relativ dünn besiedeltes Land. Wiesen und Felder wechseln mit dichten Wäldern ab, die rund ein Viertel des Landes bedecken. Für Abwechslung sorgen zahlreiche Flüsse, die sich durch die Landschaft schlängeln, und rund 2500 Seen, die wie blaue Augen zwischen den Wäldern und Feldern liegen. Ein landschaftlicher Höhepunkt ist die Kurische Nehrung.

Sand über Sand: Die Kurische Nehrung wird nicht ohne Grund auch „Sahara Litauens" genannt.

In Nida erzählt ein kleines Museum vom Leben der Fischer.

Auf den Kanälen im flachen Kurischen Haff
verkehren regelmäßig Fähren.

Die Große Düne wurde bepflanzt, um sie am Wandern zu hindern.

Juodkrantė ist für die – Figuren aus litauischen Märchen darstellenden – Holzstatuen auf dem Hexenberg bekannt.

Mehrmals täglich pendelt die kleine Fähre in wenigen Minuten über den engen Sund, der die Kurische Nehrung bei Klaipėda vom Festland trennt. Auf der Nehrung führt die kurvige Straße dann durch dichten Mischwald, der nur selten auf der Landseite einen kurzen Blick aufs Wasser freigibt. Aus der Vogelperspektive wäre der Ausblick ungleich imposanter: Von oben wirkte die Kurische Nehrung wie ein grünes Band, das an seiner schmalsten Stelle nur wenige hundert Meter misst und sich zwischen Meer und Haff fast schnurgerade rund 100 km in Richtung Süden erstreckt. Auf der Meerseite wäre ein heller Streifen auszumachen, der sich bei genauerem Hinsehen als feinsandiger Strand entpuppte. Zum Haff hin

Maler, Schriftsteller und Künstler haben schon immer von der Nehrung geschwärmt.

ließe sich der schilfbewachsene Uferstreifen nur schwer vom Grün der Nehrung unterscheiden. Und an klaren Tagen könnte man von der Luft aus nicht nur die Hafenstadt Klaipėda sehen, sondern sogar die Küste des Memellands.

Geliebt von Kennern

Bis auf ein paar Wochen im Hochsommer döst die Nehrung vor sich hin, die Dörfer Juodkrantė, Pervalka und Preila wirken wie ausgestorben, und selbst im kleinen Kurort Nida herrscht himmlische Ruhe. Maler, Schriftsteller und Künstler haben schon immer von dieser Ruhe, von der Nehrung und von dem damaligen Nidden geschwärmt und damit diese in Europa einmalige Landschaft bekannt gemacht. Als Alexander von Humboldt 1809 die Kurische Nehrung in Augenschein nahm, schrieb er, man müsse sie unbedingt gesehen haben, wolle man seiner Seele nicht einen unauslöschlichen Eindruck vorenthalten. Auf Hum-

Stadtansichten von Kaunas: Žilinskas-Galerie, Orthodoxe Kirche und ein ...

... Blick in die kopfsteingepflasterte Vilnius-Straße in der westlichen Altstadt.

Die malerische Backsteinburg Trakai nahe Kaunas ist ein beliebtes Ausflugsziel.

boldts Spuren begab sich knapp 200 Jahre später auch die UNESCO und nahm diesen Streifen Land in ihre Liste des Weltnaturerbes auf.

Zu den Liebhabern der Kurischen Nehrung zählte auch der Literaturnobelpreisträger Thomas Mann, dem es in Nidden so gut gefiel, dass er sich eines der typischen Nehrungshäuser mit Reetdach und den sich kreuzenden, verzierten Gesimsbrettern am Giebel bauen ließ. Hier verbrachte er in den 1930er-Jahren drei Sommer, schrieb an „Joseph und seine Brüder“ und ließ sich höchstwahrscheinlich von dem „Rivierablick“ inspirieren, den er von seinem Haus aus genoss, das

Kurische Nehrung

Special

Sagenhafter Anfang

Um die Entstehung der Kurischen Nehrung, des schmalen Streifens Land, der das Kurische Haff von der Ostsee trennt, rankt sich eine litauische Sage.
Dieser zufolge war Neringa eine Riesin mit blonden Zöpfen, die in uralten Zeiten ihre Hand über die Fischer der Ostsee hielt. Dennoch ertranken immer wieder einige ihrer Schützlinge im aufgewühlten Meer. So trug sie in ihrer Schürze riesige Mengen Ostseesand heran und errichtete einen langen Schutzwall, der das Haff vom offenen Meer abtrennte und den Fischern Sicherheit gab. Der Wettergott war mit Neringas Fürsorge gar nicht einverstanden und ließ es zwölf Tage lang stürmen. Ihr Wall hielt stand, weshalb die Fischer der Landzunge den bis heute geläufigen Namen „Neringa“ gaben.

Landwirtschaft ist in Litauen vielfach noch ganz traditionelle Handarbeit.

Der im Jahr 1974 gegründete, seen- und waldreiche Aukštaitija-Nationalpark ist der älteste Nationalpark Litauens.

Die im Litauischen „Nemunas" heißende Memel bildet kilometerweit eine stille Grenze zur russischen Enklave Kaliningrad.

Bunt gestrichene Holzhäuser prägen das Bild in den Dörfern am 405 km² großen Aukštaitija-Nationalpark.

etwas erhöht am Ufer des Haffs liegt. Weit hatte er es auch nicht zur großen Düne von Nida. Von deren Kamm reicht der Blick noch weiter, bis in die andere Welt des Kaliningrader Gebiets, wo im Sommer die Luft über dem Sand flimmert.

Schutz für die „Sahara"

Die Wissenschaftler glauben nicht so recht an die zentrale Rolle einer Riesin. Für sie ist die Kurische Nehrung vor mehr als 5000 Jahren ganz profan durch Wind und Wellen entstanden. Über Jahrhunderte bildete sich zunächst ein kahler Sandstreifen, der das heutige Haff zur Lagune machte und nach und nach von Vegetation erobert wurde.

Dass der schmale Landstreifen ein fragiles Gebilde ist und sich in einem labilen Gleichgewicht befindet, zeigte sich bereits vor rund 500 Jahren. Weil der Wald abgeholzt wurde, begannen die Dünen zu wandern und begruben in kurzer Zeit 14 Dörfer. Deshalb begann man Anfang des 19. Jahrhunderts die Kurische Nehrung systematisch aufzuforsten, was die Sandmassen bändigte.

Doch in jüngster Zeit ist ein neues Problem aufgetaucht: Die große Düne von Nida ist nun von ihrem Nachschub abgeschnitten und verliert durch Windabtragung jedes Jahr an Höhe. In den letzten 20 Jahren hat sie so rund 15 Meter eingebüßt. Man darf gespannt sein, ob die Schutzmaßnahmen, die in den letzten Jahren durchgeführt wurden, die „Sahara Litauens" retten können.

Ein Mittelpunkt weitab

Früher lag der geografische Mittelpunkt Europas in Deutschland auf dem Tillenberg beim bayrischen Neualbenreuth. Doch nach den osteuropäischen Ereignissen des Jahres 1989 vermaß das Französische Nationale Geografische Institut Europa neu. Das Ergebnis war für viele eine Überraschung – von Deutschland oder Bayern war keine Rede mehr, denn der geografische Mittelpunkt Europas sollte sich nun auf 54°54' nördlicher Breite und 25°19' östlicher Länge befinden. Diese nüchternen Zahlen bezeichnen einen Ort in Litauen, nahe dem Dorf Purnuskiai und rund 26 Kilometer nordöstlich der Hauptstadt Vilnius.

„Europos Centras" nennen die Litauer ihre neueste Sehenswürdigkeit, der es allerdings noch an Resonanz mangelt, obwohl man sich viel Mühe gegeben hat, den Besuchern etwas zu bieten: Eine Landkarte Europas mit erklärenden Texten und ein Informationszentrum lassen keine Fragen offen – wer möchte, bekommt sogar eine Urkunde, die dokumentiert, dass man hier am Mittelpunkt Europas gewesen ist. Vorher muss natürlich der Hügel erklommen werden, von dem aus der Blick dann über die stillen Felder und Wiesen schweifen kann.

Wie in den alten Zeiten

Auch wenn Klaipėda heute die größte Hafenstadt Litauens ist, scheint hier viel von den alten Zeiten erhalten geblieben zu sein. Besonders in der kleinen Altstadt ist die Vergangenheit spürbar. Der Straßenverlauf entspricht vielfach dem des 17. Jahrhunderts; einige Fachwerkhäuser stammen aus der Zeit, als Klaipėda eine deutsche Stadt war und (wie der Fluss) „Memel" hieß. Doch die jüngere Geschichte meinte es nicht gut mit dem Ort: Vom Zweiten Weltkrieg gezeichnet, musste Klaipėda erst den Exodus der Bevölkerung verkraften, dann die Besetzung

Können Schutzmaßnahmen die „Sahara Litauens" retten?

Farbenfrohe Sehenswürdigkeit: die im Jahr 1880 aus Holz errichtete Kirche der Apostel Simon und Judas Tadas in Marcinkonys.

Direkt am Theaterplatz in Klaipėda kann man abends wunderbar einkehren und den Tag gemächlich ausklingen lassen.

Sommerliche Badefreuden im Simon-Dach-Brunnen mit der Figur des „Ännchen von Tharau" und dem Historischen Stadttheater von Klaipėda im Hintergrund.

In Klaipėda kann man heute gut shoppen wie hier im Leinengeschäft Lino Namai.

Special

Litauische Pilgerstätte

Kreuze, wohin man blickt

Einige Kilometer nordöstlich von Šiauliai, Litauens viertgrößter Stadt, ragt aus der Ebene zwischen Kužai und Jurgaičiai ein kleiner Hügel auf, der über und über mit Kreuzen bedeckt ist.

An großen Kreuzen hängen viele weitere kleine, an denen wiederum Dutzende von Rosenkränzen. Für die Besucher bleiben nur schmale Gassen in diesem labyrinthartigen Wald. Mittlerweile ist es auf dem Hügel schon zu eng geworden, weshalb sich die Kreuze immer weiter in die Ebene ausbreiten. Wer hier ursprünglich einmal mit dem Aufstellen von Kreuzen begonnen hat, ist nicht überliefert, doch schon nach den erfolglosen Aufständen gegen das zaristische Russland 1831 und 1863 wurden welche zum Gedenken an die gefallenen Freiheitskämpfer errichtet.

Die Kreuze sind also nicht nur ein Symbol für die tiefe Religiosität der Litauer, sondern auch ein Politikum.

Ein Wald aus großen und kleinen Kreuzen

Während der Sowjetzeit war der Hügel ein Symbol des Widerstands und den Regierenden ein Dorn im Auge. Doch die Zerstörungen vor allem in den 1970er-Jahren führten nur dazu, dass schon am nächsten Tag neue Kreuze aufgestellt wurden. Schließlich kapitulierten die Sowjets vor dieser Hartnäckigkeit. Seit der Unabhängigkeit Litauens ist der Ort eine der größten Pilgerstätten Europas, anerkannt auch vom damaligen Papst Johannes Paul II., der 1993 an diesen Ort reiste.

durch die Sowjets. Heute ist unter den Klaipėda-Besuchern manch alter „Memelländer", den das Heimweh zurückgetrieben hat. Die meisten kommen nach einem Bummel durch die Altstadt auch zum Theaterplatz – nicht wegen der Souvenirhändler, die hier Bernstein feilbieten, sondern wegen des Brunnens. Befriedigt sehen sie das „Ännchen von Tharau", das von der Spitze ihres Denkmals auf die Besucher hinabschaut.

Die Poesie der Liebe

Ännchens Geschichte war wechselhaft. Der 1605 in Memel geborene Dichter Simon Dach schien unsterblich verliebt in Anna Neander aus Tharau. Und so schrieb er 1636 anlässlich ihrer Hochzeit mit dem Pfarrer Portatius ein Liebesgedicht. Dieses machte die Angebetete – von Herder aus dem Memeler Platt ins Hochdeutsche übertragen und später vertont – unsterblich. 1912 enthüllte man ein erstes „Ännchen" auf dem Theaterplatz. Den Auftritt Hitlers, dem die Memeler 1939 zujubelten, erlebte es noch, doch bald musste es einer Büste des Diktators weichen. Im Krieg ging die kleine Statue verloren, die Sowjets bevorzugten Leninstatuen. Erst 1989 durfte das „Ännchen" auf den Theaterplatz zurückkehren – der Nachguss ist ein Geschenk ehemaliger Memeler an ihre Heimatstadt.

DAS KALININGRADER GEBIET

Russische Impressionen

Auch die russische Seite der Kurischen Nehrung ist landschaftlich wunderschön und hat Besuchern einiges zu bieten. Besonders sehenswert sind die traditionsreichen Ostseebäder an der Samlandküste.

Souvenir, Souvenir: Auch im Kaliningrader Gebiet ist Schmuck ein beliebtes Reisemitbringsel.

Ziemlich genau in der Mitte der Kurischen Nehrung verläuft die russisch-litauische Grenze. Etwa fünf Kilometer hinter dem Grenzübergang liegt mit Morskoje (Pillkoppen) der erste Ort mit nur 150 Einwohnern. Morskoje wird von Ephas Höhe, einer ehemaligen Wanderdüne überragt, die mit Kiefern bepflanzt und so gestoppt wurde; von den Aussichtsplattformen hier genießt man einen weiten Blick über das mehrere Kilometer lange Dünenfeld. Rybačij (Rossitten) ist mit 800 Einwohnern das größte Dorf auf russischer Seite der Nehrung. Bekannt wurde der Ort durch die im Jahr 1901 gegründete Vogelwarte, wohl die älteste der Welt. Noch heute werden hier Zugvögel gefangen und beringt. Vor dem Dorf Lesnoj (Sarkau) passiert man die schmalste Stelle der Nehrung (400 Meter). Früher kam es hier häufig zu Überschwemmungen, aber die letzte liegt nun schon über 30 Jahre zurück. Das Nehrungsmuseum informiert über Flora, Fauna und Geschichte der Region.

Im Samland

Die Halbinsel zwischen Frischem und Kurischem Haff hieß auf Deutsch einmal „Samland". Die Erschließung des ersten Bernstein-Tagebaus im Jahr 1899 machte Jantarny (Palmnicken) wirtschaftlich bedeutend. Da diese Gegend lange ein Sperrgebiet war, gab es praktisch keinen Tourismus; erst vor Kurzem hat man den Bernsteintourismus entdeckt und begonnen, die Infrastruktur zu verbessern. Das Bernsteinschloss erzählt die Geschichte des Bernstein-Abbaus in dieser Gegend.

Obgleich Jantarny schön an der Ostsee gelegen ist, werden wohl noch einige Zeit die meisten Touristen die Küstenorte Selenogradsk und Svetlogorsk bevorzugen. Nahe bei Kaliningrad (Königsberg) und mit Bahnanbindung sind diese auch für Tagesausflüge interessant. Seit Mitte des 19. Jahrhunderts entwickelten sie sich dank Sandstrand, Strandpromenade, Kurpark und Warmbadehaus schnell zu mondänen Kurorten.

Nach dem Zweiten Weltkrieg wurde aus dem ostpreußischen Cranz „Selenogradsk" und aus Rauschen „Swetlogorsk"; dem Badebetrieb tat das keinen Abbruch. Heute präsentieren sich die Ostseebäder vielschichtig: Villen aus der Vorkriegszeit verströmen noch immer alten Charme, doch auch Plattenbauten und Neubauvorhaben prägen die Orte. Mittlerweile ist Swetlogorsk – mit altem Warmbad, Kurpark und Promenade – einer der gepflegtesten Orte dieser Region.

Oben: Holzhaus am Strand in Morskoje (Pillkoppen), dem letzten, etwa fünf Kilometer vor der litauischen Grenze gelegenen russischen Ort auf der Kurischen Nehrung.

Links: Aussichtspunkt auf einer Wanderdüne bei Rybatschij (Rossitten). Den gewaltigen Sandmassen solcher Dünen wurde mit der Bepflanzungsmethode des königlich-preußischen Düneninspektors Wilhelm Franz Epha Einhalt geboten.

Isolation

Von den knapp 1 Mio. Menschen im Kaliningrader Gebiet leben rund 400 000 in Kaliningrad. Im Zweiten Weltkrieg wurden 90 Prozent der Innenstadt zerstört, der Rest verfiel während der Sowjetzeit weiter. Bis zum Jahr 1991 war Kaliningrad militärisches Sperrgebiet; seit dem Zerfall der Sowjetunion und der Unabhängigkeit Litauens gibt es keine direkte Verbindung mehr zu Russland. Für jede Ein- und Ausreise braucht man ein Visum – kein Wunder, dass sich viele Kaliningrader von der Außenwelt abgeschnitten fühlen.

Einreise nach Kaliningrad

Das Visum muss man sich schon zu Hause besorgen – spontane Ausflüge von Litauen nach Kaliningrad sind nicht möglich.

Rundreisen im Kaliningrader Gebiet hat der Hamburger Spezialreiseveranstalter Schnieder Reisen im Angebot (www.baltikum24.de).

Weitere Infos unter www.kaliningrad.aktuell.ru

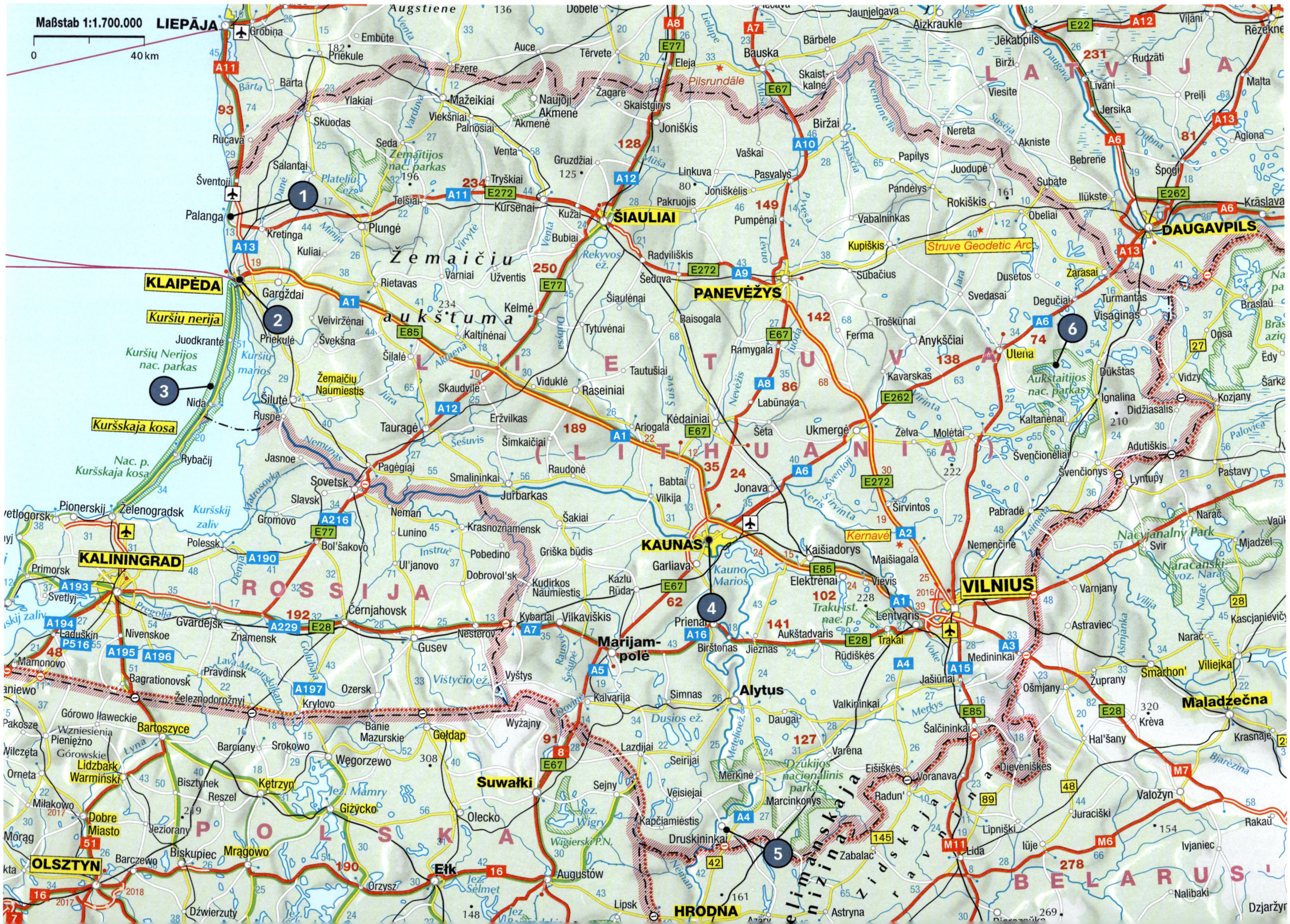

Maßstab 1:1.700.000
0
40 km
LIEPĀJA
KLAIPĖDA
Kuršių nerija
Kuršių Nerijos nac. parkas
Kurššskaja kosa
Nac. p. Kurššskaja kosa
KALININGRAD
OLSZTYN
ŠIAULIAI
PANEVĖŽYS
KAUNAS
VILNIUS
DAUGAVPILS
HRODNA
Maladzečna
Marijampolė
Alytus
Suwałki
Ełk
Palanga
Kretinga
Plungė
Telšiai
Mažeikiai
Tauragė
Jurbarkas
Raseiniai
Kėdainiai
Jonava
Ukmergė
Utena
Anykščiai
Rokiškis
Biržai
Kupiškis
Visaginas
Druskininkai
Trakai
Kernavė
Struve Geodetic Arc
Pilsrundāle
Žemaičių aukštuma
Aukštaitijos nac. parkas
Dzūkijos nacionalinis parkas
Žemaitijos nac. parkas
Nacyjanalny Park Naračanski
L A T V I J A
L I E T U V A
(L I T H U A N I A)
R O S S I J A
P O L S K A
B E L A R U S
Sovetsk
Gusev
Černjahovsk
Zelenogradsk
Bartoszyce
Kętrzyn
Giżycko
Gołdap
Olecko
Augustów
Sejny
Lida
Šalčininkai
Elektrėnai
Birštonas
Prienai
Kaišiadorys

Seebäder und Sanatorien

Das größte der drei baltischen Länder ist ebenfalls dünn besiedelt und geprägt von Wäldern, Flüssen und Seen. Ein einmaliges Naturschauspiel ist die Kurische Nehrung.

1 Palanga

Der Ort war früh Handelsplatz – man fand sogar römische Münzen. Ab 1824 entwickelte er sich zum Seebad. Zu Sowjetzeiten war Palanga stets ausgebucht; auch heute kommen noch viele Russen. In Litauens größtem Ferienort herrscht in der Hauptsaison Trubel, besonders auf der Flaniermeile Basanavičiaus. In den Lokalitäten ist bis spät was los. Bei Sonnenuntergang trifft man sich auf der Seebrücke.

UMGEBUNG
60 km landeinwärts liegt der **Nationalpark Žemaitija** mit dem Plateliu-See. Die Rad- und Wanderwege in der Umgebung sind ideal für Aktivurlauber. Auch der Wasserwanderweg über die Seen Plateliu, Ilgio und Beržoras ist attraktiv. Pferdefans kommen im Ferienzentrum Plokštinė auf ihre Kosten. Im Jachtclub von Plateliai sind Boote auszuleihen. Plateliai ist der zentrale Ort der Region, hier sind auch Parkverwaltung und Touristeninformation.

INFORMATION
Turizmo Informacijos Centras,
Vytauto 94, LT-00132 Palanga,
Tel. 460 4 88 11, www.palangatic.lt

2 Klaipėda

Die mit rund 160 000 Einwohnern drittgrößte Stadt des Landes nach Vilnius und Kaunas ist ein Industriezentrum und durch den ganzjährig eisfreien Hafen Litauens ein Tor zur Ostsee. 1252 eroberte der Livländische Orden das damalige Fischerdorf und errichtete eine Burg. 1807/1808 war das seinerzeit deutsch-preußische Memel provisorische Residenz des vor Napoleon geflohenen Preußenkönigs Friedrich Wilhelm III. Vom alten, rechtwinklig angelegten Kern Klaipėdas am Südufer der Danė und der Burg ist nach den Zerstörungen im Zweiten Weltkrieg nicht mehr viel zu sehen. Zentrum der Altstadt ist der sanierte Theaterplatz.

MUSEEN
In Smiltynė – auf der Nehrung, aber noch zu Klaipėda gehörig – gibt es ein **Meeresmuseum** mit dem einzigen Delfinarium Litauens, ein Aquarium und ein ethnografisches Fischerdorf (Smiltynės plentas 3, www.juru.muziejus.lt, derzeit wegen Renovierungsarbeiten geschlossen).

Litauen ist von den drei baltischen Staaten am stärksten agrarisch bestimmt.

Tipp

Grabsteinasyl

Für manche ist Orvydas' Garten nordöstlich von Palanga ein Absurditätenmuseum, manche finden den Ort chaotisch, andere mystisch. Begonnen hat alles, als die Familie Orvydas ihren Dorfgarten als Grabsteinasyl zur Verfügung stellte, weil die Sowjets diese nicht mehr auf den Friedhöfen duldeten. Dann begann der Steinmetz Vilius allerlei sonderbare Skulpturen, Kreuze, Findlinge, Baumstämme und Jesusfiguren zu sammeln und aus dem Garten ein Labyrinth zu machen.

ORVYDAS' GARTEN
Gargždeli bei Salantai, www.muziejai.lt,
Di.–So.10.00–19.00 Uhr

RESTAURANT
Im **Kurpiai** treffen sich Jugend und Bohème. Der frühe Abend ist die beste Zeit, um hier eine Kleinigkeit zu essen. Zum Livejazz später wird es voll (Kurpių 1a, Tel. 46 21 80 41, www.jazzkurpiai.lt).

UNTERKUNFT
Villa Ventainė ist ein moderner Campingplatz am Ufer des Kurischen Haffs mit kleinem Sandstrand. Übernachten kann man auch in Apartments für bis zu vier Personen in Holzhäusern. Vielfältiges Freizeitangebot (45 km südl.; Šilutė, Ventė, Tel. 441 6 85 25, www.ventaine.lt).

UMGEBUNG
Das **Memeldelta**, Naturschutzgebiet und Rastgebiet für Zugvögel, kann von Šilutė aus erkundet werden. Hier gibt es noch ursprünglich wirkende Fischerdörfer wie **Rusnė**, **Minija** und **Kintai**. Vogelwarten findet man bei Uostadvaris, in Rusnė und an mehreren Fischteichen. Für Touristen gibt es einige Privatquartiere. **Ventė** auf der Landzunge besteht fast nur aus einer Vogelschutzstation und dem alten Leuchtturm.

INFORMATION
Turizmo Informacijos Centras, Turgaus 7,
LT-91247 Klaipėda, Tel. 46 41 21 86,
www.klaipedainfo.lt

3 Kurische Nehrung

Die **Kurische Nehrung** TOPZIEL (Neringa) riegelt das Kurische Haff gegen die Ostsee ab. Die Landschaft ist auf beiden Seiten der Grenze Nationalpark und UNESCO-Welterbe. Wegen seiner Nähe zur Großen Düne war Nida (Nidden) schon immer das touristische Zentrum der Landzunge.

SEHENSWERT
Rund 50 **Fischerkaten**, zu erkennen am Dachschmuck oder an Pferdeköpfen an den Giebeln,

Oben: Die Kirche des am südöstlichen Stadtrand von Kaunas an der zum Kaunasser Meer aufgestauten Memel gelegenen Klosters Pažaislis gehört zu den schönsten Barockbauten Litauens. Rechts: Kirchlein in Druskininkai

sind denkmalgeschützt. Leider entstanden auch in Nida in der Sowjetzeit einfallslose Ferienheime. Ein Spaziergang auf der Promenade, ein Ausflug zum **Leuchtturm** (1874, 29 m; südl.) und der Aufstieg über die Treppen zum Kamm der **Großen Düne** (52 m hoch) und zur Sonnenuhr lohnen sich. Zum Strand an der Seeseite führen Stichstraßen.

MUSEEN

Vom **Thomas-Mann-Haus** genießt man den „Italienischen Blick" aufs Haff. Das Haus ist hübsch, über den Schriftsteller erfährt man aber nicht viel. Vom Kulturzentrum wird jährlich das Thomas-Mann-Festival organisiert (Nida, Skruzdynės 17, Tel. 469 5 22 60, www.mann.lt; Mitte Mai–Mitte Sept. tgl. 10.00–18.00, sonst Di.–Sa. 10.00–17.00 Uhr). Ein **Museum** ist den **Fischern** gewidmet (Žvejo etnografinė Sodyba, Nida, Nagliu 4; Juni–Aug. tgl. 10.00 bis 18.00, sonst Di.–Sa. 10.00–17.00 Uhr).

UNTERKÜNFTE

Die **Villa Miško Namas** ist ein gepflegtes Haus im Fischerkatenstil in ruhiger Lage (Nida, Pamario 11, Tel. 469 5 22 90, www.miskonamas.com). Komfortabel wohnt man im Hotel **Nerija**, das auch Apartments anbietet (Nida, Pamario 13, Tel. 682 3 89 48, www.neringahotels.lt).

RESTAURANT

Das **Seklyčia** in einer Fischerkate zählt zu den besten Fischrestaurants Nidas (Lotmiškio 1, Tel. 469 5 00 00, www.neringaonline.lt).

UMGEBUNG

An einem Wanderweg auf den Hexenberg von **Juodkrantė** (Schwarzort; 30 km nördl.) stehen ca. 100 Hexen- und Sagenwesenskulpturen.

INFORMATION

Turizmo Informacijos, Taikos 4, LT-93121 Nida, Tel. 469 5 23 45, www.visitneringa.com
Nationalpark-Besucherzentrum, Naglių 8, LT-93123 Neringa, Tel. 469 5 12 24, www.nerija.lt

4 Kaunas

Im Jahr 1361 gegründet, folgte eine Entwicklung als Handwerks-, Handels- und Hansestadt, die 1655 mit der Besetzung durch Russland endete. Zwischen Preußen und Russland liegend, wurde die Stadt zur Festung. Von 1919 bis 1940 war Kaunas provisorische Hauptstadt der jungen Republik Litauen. Heute ist es ein wichtiger Verkehrsknotenpunkt, Industrie- und Wissenschaftsstandort. Tourismus spielt hier keine so große Rolle wie in der Hauptstadt Vilnius.

SEHENSWERT

Wo die Neris in den Nemunas (die Memel) mündet, befand sich früher eine **Burg** (urspr. 13. Jh.), von der nur noch Reste blieben. Das Zentrum der Altstadt bildet der **Rathausplatz** mit dem einstigen Rathaus **„Weißer Schwan"**, einem prächtigen barocken bzw. klassizistischen Bau. Den Platz begrenzen Bürgerhäuser und Kirchen. In der Nähe steht das **Perkūno Namaidas** (Donnerhaus) mit seiner verzierten Ziegelfront (16. Jh.), eines der schönsten spätgotischen Gebäude Litauens. Sehenswert sind auch der einstige **Renaissancepalast Masalski** (1634) und die **Kathedrale** (urspr. 15. Jh.). Am Rathausplatz beginnt die **Vilniaus Gatvė**, eine Fußgängerzone mit Läden und Restaurants. Sie ist die Verbindung zwischen der Altstadt und dem modernen Kaunas mit den gesichtslosen Bauten der Sowjetzeit.

MUSEEN

Aus der Sammlung des Volkskünstlers Antanas Žmuidzinavičius entstand das **Teufelsmuseum** mit ca. 3000 Exponaten („Velniukai", Putvinskio 64, Juni–Sept. Di.–So. 10.00–17.00 , Do. bis 19.00 Uhr). Auch das nahe, dem bekanntesten litauischen Maler und Komponisten (1875–1911) gewidmete **Čiurlionis-Museum** mit rund 300 seiner Werke lohnt einen Besuch (Nacionalini M. K. Čiurlionio Dailės Muziejus, Putvinskio 55, www.ciurlionis.lt, Juni–Sept. Di.–So. 10.00 bis 17.00, sonst 11.00–17.00 Uhr). Richtung Autobahn wurde ein Teil des Festungsrings zum Museum; das **IX. Fort** erinnert an die Zeit als Gefängnis und Vernichtungslager, in dem über 100 000 Menschen starben (Žemaičių pl. 73, www.9fortomuziejus.lt, Mo./ Mi.–So. 10.00–18.00, sonst Mi.–So. 10.00–16.00 Uhr).

RESTAURANTS

Spezialität des **Avilys** ist das Eigengebräu; empfehlenswert das Honigbier. Der Koch verwendet auch für viele Gerichte Bier (Vilniaus 34, Tel. 686 6 85 25, www.avilys.lt). Das **Bernelių Užeiga** ist ein Wirtshaus mit Stube im Dach, häufig mit Livemusik (M.Valančiaus 9, Tel. 614 0 52 36, www.berneliuuzeiga.en). Im **Medžiotojų Užeiga** kommt Wild auf den Tisch, das man draußen mit Blick auf den Rathausplatz verspeisen kann (Rotušės 10, Tel. 37 32 09 56, www.medziotojai.lt).

UNTERKÜNFTE

Das **Amberton Cozy** bietet geräumige Zimmer mit gutem Standard (V. Kuzmos 8, Tel. 37 22 99 81, www.ambertonhotels.com). Der Bau des heutigen **Best Western Santaka** war einst ein Weinlager (J. Gruodžio 21, Tel. 37 30 27 02, www. santakahotel.eu).

UMGEBUNG

Am Westufer des Kaunasser Meers entstand zwischen 1667 und 1712 das **Kloster Pažaislis** (Di.–Fr. 10.00–17.00, Sa. bis 16.00 Uhr, www.

Tipp

Europa-Park

Als ob der litauische Bildhauer Gintaras Karosas geahnt hätte, dass der geografische Mittelpunkt Europas nicht so recht zur Touristenattraktion taugt, hat er einige Kilometer weiter südlich den Europa-Park initiiert. Aus einem ehemals sumpfigen Wald entstand ein 55 ha großes Freilichtmuseum für moderne Kunst, das mittlerweile zu den größten Sehenswürdigkeiten des Landes zählt. Auf verschlungenen Wegen wandern Besucher zwischen 100 skurrilen Skulpturen von Künstlern aus aller Welt umher. Bekannte Menschen wie Oppenheim, Abakanowicz oder LeWitt haben ihre teils monumentalen, teils abstrakten Werke im Wald versteckt. Karosas' Europazentrum-Monument von 1993 ist weniger spektakulär (Foto). Es zeigt den Abstand europäischer Hauptstädte zum geografischen Zentrum Europas

EUROPOS PARKAS
Joneikiškiu, www.europosparkas.lt; tgl. 10.00 Uhr bis Sonnenuntergang

pazais lis.org). Das kleine **Rumšiškės** am Kaunasser Meer (20 km östl.) ist bekannt für sein **Freilichtmuseum**, das zeigt, wie einst die Landbevölkerung lebte. Aus ganz Litauen wurden 140 Gebäude hierher gebracht. Im Sommer arbeiten Handwerker wie früher und es gibt Volksmusikkonzerte (Lekavičiaus 2, www.llbm.lt; Gebäude Mai–Sept. tgl. 10.00 bis 18.00, Park bis 20.00, sonst nur Park bis mind. 16.00 Uhr). 28 km westlich von Vilnius liegt **Trakai**, die ehemalige Hauptstadt der Großfürsten Litauens, in einer Seen- und Waldlandschaft. Im historischen Nationalpark gibt es Wassersportoptionen und Wanderwege. Eine der besten Attraktionen ist die **Backsteinburg Trakai** TOPZIEL (urspr. 14. Jh., www.trakai muziejus.lt; Mai–Sept. tgl. 10.00–19.00, März, April, Okt. Di.–So. bis 18.00, Nov.–Feb. Di.–So. bis 17.00 Uhr) im Galvės-See. An Sommerwochenenden herrscht hier Trubel, auf den Lokale, Souvenirhändler und Bootsvermieter eingestellt sind. In der Stadt selbst leben seit der Zeit der Großfürsten Karäer, was an den charakteristischen Holzhäusern erkennbar ist. Hervorgegangen aus einer jüdischen Sekte und einst die Palastwache der Großfürsten, haben sie sich bis heute Kultur und Bräuche bewahrt.

INFORMATION
Turizmo Informacijos Centras,
Laisvės 36, LT-44240 Kaunas,
Tel. 37 32 34 36, www.kaunastic.lt

5 Druskininkai

Salzhaltige Mineralquellen („Druska" = Salz), Heilschlamm aus den Mooren, die Luft und die Kiefernwälder machen Druskininkai zu einem idealen Ort für Sanatorien und Kureinrichtungen.

UMGEBUNG
Der **Nationalpark Dzūkija**, mit 585 km² der größte Litauens, schützt östlich der Stadt Wälder, Flüsse, Moore und Seen. In den Dörfern werden Brauchtum und Handwerk gepflegt. Kanutouren lohnen sich. Es gibt Fahrradwege und Lehrpfade. Das Infozentrum in Marcinkonys hilft bei Planung und Quartiersuche (Šilagėlių 11, Tel. 310 4 44 66, www.cepkeliai-dzukija.lt).

INFORMATION
Turizmo Informacijos Centras,
Gardino 3, LT-66204 Druskininkai,
Tel. 313 6 08 00, info.druskininkai.lt

6 Aukštaitija-Nationalpark

Der 405 km² große, älteste Nationalpark Litauens liegt im östlichen Bergland. **Palūšė** (5 km westl. von Ignalina) ist mit 150 Einwohnern das touristische Zentrum und bietet einen Campingplatz und einfache Unterkünfte.

INFORMATION
Nationalparkzentrum Palūšė, Ignalinos raj.,
Tel. 386 5 31 35, www.anp.lt

Genießen Erleben Erfahren

DuMont Aktiv

Rauf auf den Drahtesel

Mindestens eine Woche sollte man sich Zeit nehmen, wenn man das Memelland und die Kurische Nehrung mit dem Rad erkunden möchte. Die Kurische Nehrung mit ihren schier endlosen Stränden und den gewaltigen Dünen zählt zu den schönsten Küstenlandschaften Europas und wird von der UNESCO als Welterbe geführt.

Nach der Besichtigung von Klaipėda geht es zur Fähre, die in wenigen Minuten auf die Kurische Nehrung übersetzt. Der nördlichste Ort auf der Nehrung ist Smiltynė – wegen der schönen Uferpromenade, des Meeresmuseums und des ethnografischen Museumsdorfs lohnt er einen Besuch. Auch der Luftkurort Juodkrantė hat mit den bizarren Figuren auf dem Hexenberg und dem alten Villenviertel einen eigenen Charme.

Auf asphaltierten Rad- und Waldwegen geht es über die Dörfer Pervalka und Preila nach Nida. Mit dem Schiff wird dann das Kurische Haff überquert, wobei sich ein schöner Blick auf die Große Düne bietet. Das bisher nur wenig erschlossene Memeldelta ist ein ideales Radelrevier, denn überall gibt es alte Dörfer zu entdecken. Ein Fernglas mitzunehmen, lohnt sich wegen der vielen Vögel. Sogar die Störche fühlen sich im Flussdelta so wohl, dass sie sich von den Menschen kaum stören lassen. Hinter einer der ältesten Vogelwarten beim Leuchtturm von Ventė geht es an der Haffküste nordwärts zurück nach Klaipėda. Wer noch Lust und Zeit hat, kann die Radtour um ca. 30 km auf dem Ostseeküstenradweg bis nach Palanga verlängern und dort das Bernsteinmuseum besichtigen oder einfach den Sandstrand genießen.

Weitere Informationen

Es gibt verschiedene Reiseveranstalter, die sich auf **Radreisen in Litauen** spezialisiert haben. Sie alle haben Reisen im Angebot, im Rahmen derer man auf eigene Faust oder in der Gruppe auch das Memelland und die Kurische Nehrung mit dem Fahrrad erkunden kann und zwar ohne dass man dafür eigenen organisatorischen Aufwand hätte.

Ein **empfehlenswerter Veranstalter** ist z.B.: Schnieder Reisen, Tel. 040 3 80 20 60, www.baltikum24.de

Fröhliche Eiszeit: Autofähren pendeln zur Insel Saaremaa (oben). Rechts: Nightclubbing in der estländischen Hauptstadt Tallinn

Service

Praktische Informationen für die Reise und einiges Wissenswerte über die drei baltischen Staaten Esland, Lettland, Litauen, deren Kapitalen alle schon Kulturhauptstadt Europas waren, haben wir hier für Sie zusammengentragen.

Anreise

Mit dem Auto: Die beste Anreiseroute für Autofahrer verläuft über Frankfurt/Oder und Warschau. Zwischen Polen und Litauen gibt es zwei Grenzübergänge, auf der Via Baltica bei Kalvarija (Kalvarijai) und etwas weiter südlich bei Lazdija (Lazdijai). Die Via Baltica (E 67) führt als schnellste Autoroute durchs Baltikum. Über 1500 km fährt man von Polen entlang der Bernsteinküste bis Tallinn am Finnischen Meerbusen. Von hier gibt es mehrmals täglich Fährverbindungen nach Helsinki. Die großen Städte wie Vilnius, Riga und Tallinn erreicht man problemlos über die gut ausgebaute Via Baltica.
Mit der Bahn: Es gibt mehrere Verbindungen täglich von Berlin über Warschau nach Vilnius. Die Fahrt dauert ca. 20 Stunden. Unbedingt auf den Streckenverlauf achten: Wer über Weißrussland einreist, braucht ein Transitvisum.
Mit dem Bus: Von allen größeren deutschen Städten fahren Busse in die baltischen Hauptstädte. Von Berlin nach Vilnius braucht der Bus ca. 18, nach Riga ca. 21 und nach Tallinn ca. 26 Stunden. Info bei Eurolines, Tel. 06196 207 85 01, www.eurolines.de oder über ein Internetportal wie www.fernbus24.de.
Mit dem Flugzeug: Schnell, komfortabel und günstig sind die Flugverbindungen. Je nach Abflugs- und Zielort beträgt die Flugzeit zwei bis drei Stunden. Alle baltischen Hauptstädte sind von mehreren deutschen Städten (z. B. Berlin, Frankfurt, Hamburg, München) direkt zu erreichen. Auch die Billigfluglinien haben das Baltikum entdeckt. Speziell die Hauptstädte sind so außerhalb der Hauptreisezeit zu idealen Wochenendzielen geworden (Info über Air Baltic, www.airbaltic.com, Estonian Air, www.estonian-air.com, oder Ryanair, www.ryanair.com).
Vom Flughafen **Tallinn** fährt der Bus Nr. 2 (vor der Abflughalle) alle 20 bis 30 Minuten in die Stadt. Vom Flughafen **Riga** nimmt man den Bus Nr. 22 (ab der gegenüberliegenden Seite des Parkplatzes), der ca. 30 Minuten ins Zentrum benötigt. Bus Nr. 2 zum Zentrum fährt vor dem Flughafengebäude von **Vilnius** ab; auch mehrere Minibusse fahren in die Stadt.
Mit der Fähre: Die Fährverbindungen von Deutschland sind eine bequeme Alternative zur Pkw-Anreise. Besonders zur Ferienzeit sind die Schiffe aber gut gebucht, eine rechtzeitige Reservierung ist deshalb erforderlich.
Kiel–Klaipėda: Fahrzeit ca. 21 Stunden, sechsmal wöchentlich (DFDS Deutschland GmbH, Tel. 01805 890 10 51, www.dfdsseaways.de).
Travemünde–Liepāja: Fahrzeit ca. 27 Stunden, zweimal wöchentlich (Stena Line, www.stenaline.de)
Einreisebestimmungen: Für die baltischen Staaten gilt das Schengen-Abkommen. Bei der Einreise aus einem anderen Schengen-Staat wird meist nicht kontrolliert. Trotzdem braucht man einen gültigen Personalausweis oder Reisepass. Für Haustiere gelten teils über normale Impfbestimmungen hinausgehende Vorschriften; Infos bei der Tourismuszentrale (s. Auskunft).

Auskunft

Allgemein/Tourismuszentralen: Estonian Tourist Board, Kleine Reichenstr. 6, 20457 Hamburg, Tel. 040 30 38 78 99, www.visitestonia.com; Latvian Tourism Development Agency, Tel. 00371 67 22 99 45, www.latvia.travel; Informationen über Litauen unter www.lithuania.travel
Regional: In so gut wie jeder baltischen Stadt gibt es eine Touristeninformation, meist im Zentrum und am i-Schild zu erkennen. Hier bekommt man Infomaterial und Tipps; auch bei der Buchung von Übernachtungen ist die Touristeninformation behilflich. In der Regel sprechen die Mitarbeiter Englisch und Deutsch.
Internet: Internetcafés findet man in größeren Städten, auch Hotels und Bibliotheken bieten oft Internetzugang. In Estland gibt es immer mehr Wifi-Schilder, die auf drahtloses Internet hinweisen. Interessante Websites sind: *www.visitestonia.com* (Fremdenverkehrsamt Estland), *www.travel.lt* (Fremdenverkehrsamt Lettland), *www.lithuania.travel* (Fremdenverkehrsamt Litauen), www.maaturism.ee (Aktivurlaub in Estland), www.celotajs.lv (Urlaub auf dem Land in Lettland), *www.atostogos kaime.lt/en* (Urlaub auf dem Land in Litauen), *velovilnius.lt* (Radfahren in Litauen), *www.concert.ee* und *festivals.ee* (Konzerte und Musikfestivals in Estland), *www.music.lv* (Musikfestivals in Lettland), *www.opera.lv* (Internationales Opernfestival in Riga), *www.opera.lt* (Lettische Nationaloper), *www.vilniusfestivals.lt* (Festivals in Vilnius). Seiten deutscher Reiseveranstalter sind: *www.baltikum24.de*, *www.ebden-reisen.de*, *www.nehrung-reisen.de*.

Autofahren

Die großen Verbindungsstraßen in allen Ländern sind durchweg in einem guten Zustand, nur kleine Nebenstraßen sind teilweise noch unbefestigt. Das Tankstellennetz ist dicht; die Tankstellen sind wie bei uns oft kleine Supermärkte. Bezahlen mit Kreditkarte ist in der Regel kein Problem. Die Ampeln werden anders geschaltet als bei uns: Grün, blinkendes Grün, Gelb und Rot. Das blinkende Grün entspricht

Die Sängerfeste der Balten haben eine lange Tradition, das erste fand 1869 in Estland statt. Für Lettland spielte Gesang sogar bei der Wiedererlangung der Unabhängigkeit eine wichtige Rolle: Die von der Sowjetmacht verbotenen traditionellen Volkslieder wurden bei Großprotesten gegen die Fremdherrschaft von Tausenden Letten gesungen.

unserem Gelb; bei Gelb darf man nicht mehr fahren. Für alle Länder gelten folgende Regeln: Telefonieren nur mit Freisprechanlage; auch am Tag mit Abblendlicht fahren; Anschnallpflicht besteht auf allen Sitzplätzen; in Ortschaften gilt Tempo 50 km/h, außerhalb geschlossener Ortschaften Tempo 90 km/h (Ausnahme sind nur einige mit grünen Schildern gekennzeichnete Autobahnabschnitte in Litauen). Mit Geschwindigkeitskontrollen muss man rechnen. In Estland und Lettland sind vom 1. Dez. bis 1. März Winterreifen vorgeschrieben. Die Alkoholgrenze liegt in Estland bei 0,00 ‰, in Lettland bei 0,5 ‰ und in Litauen bei 0,4 ‰. In größeren Städten und grenznahen Bereichen sollte man das Fahrzeug auf bewachten Parkplätzen abstellen und keine Wertsachen im Auto lassen. Die Grüne Versicherungskarte wird empfohlen, ist aber nicht mehr Pflicht.

Botschaften

Deutsche Botschaft **in Tallinn**, www.tallinn.diplo.de. Deutsche Botschaft **in Riga**, www.riga.diplo.de. Deutsche Botschaft **in Vilnius**, www.wilna.diplo.de

Essen und Trinken

Die baltische Küche ist in der Regel einfach, deftig und kalorienreich.
Estland: Traditionelles estnisches Essen ist beispielsweise *Sült* (Kalbfleisch in Aspik), *Taidetud Basikarind* (gefüllter Kalbsbraten), *Rossolye* (eingelegter Hering mit Rüben) und *Mulgi* (Sauerkraut mit Grütze). Beliebt sind auch Fischgerichte mit Strömling oder Hering wie *Silk* oder *Tallinna kilu*. Das beliebteste Bier der Esten ist *Saku Originaal*; die dunkle Variante heißt *Saku Tume*, die Light-Variante *Saku on Ice*. Oft wird auch *Tartu Alexander* oder *A. Le Coq* getrunken. Der bekannteste Likör ist *Vana Tallinn*, der sich auch gut mit Eiscreme oder Sahne trinken lässt. Der einheimische Wodka nennt sich *Viru Valge*.
Lettland: Ein (beispielsweise an Neujahr) typisches Essen sind graue Erbsen mit Speck

Info

Daten & Fakten

Estland

Eesti (EST) bedeckt 45 226 km² (etwa vergleichbar mit Dänemark), eingeteilt in 15 Landkreise (Maakond); Amtssprache ist Estnisch, Nationalfeiertag der 24. Februar. Die Küstenlänge beträgt ohne Inseln 1240 km, mit Inseln 3790 km. Von den etwa 1520 Inseln sind Saaremaa (2672 km²) und Hiiumaa (1023 km²) die größten.
Natur: Gut 44 % der Landesfläche sind mit Wald bedeckt, weitere 20 % machen Seen und Sümpfe aus. Estland besitzt 1400 Seen; größter ist der Peipsi mit 3555 km². Längster Fluss ist der Võhandu (162 km), höchster Berg der Suur Munamägi (318 m) im Süden des Landes. Es gibt fünf Nationalparks, 18 Naturreservate und ein Biosphärenreservat.
Bevölkerung: Von den 1,35 Mio. Einwohnern (30 Ew./km², zum Vergleich 229 Ew./km² in Deutschland) sind rund 70 % Esten, 25,5 % Russen und 2,1 % Ukrainer. Hauptstadt ist Tallinn mit 440 000 Einwohnern. Etwa 40 % der Bevölkerung leben in der Hauptstadtregion. Die meisten Esten sind konfessionslos; nur ein Drittel ist Mitglied einer christlichen Kirche (evangelisch-lutherisch 13,6 %, orthodox 12,8 %, Baptisten und Katholiken jeweils 0,5 %), muslimische und jüdische Minderheiten.
Wirtschaft: Im Januar 2016 lag die Arbeitslosenquote in Estland bei 6,3 %. Estland ist auch das Mitglied mit den solidesten Staatsfinanzen, 2014 stieg dort das Wirtschaftswachstum auf 2,9 %, für 2016 wurden 2,1 % prognostiziert. Wichtigste Handelspartner sind Finnland, Russland und Schweden, bedeutendste Exportgütern Maschinen/Metallprodukte, mineralische Brennstoffe, Holzprodukte und Lebensmittel.

Lettland

Staat: Latvija (LV) bedeckt 64 590 km² (etwa so viel wie Irland), eingeteilt in 26 Landkreise (Rajons); Amtssprache ist Lettisch, Nationalfeiertag der 18. November. Die Küstenlänge beträgt rund 500 km.
Natur: 40 % der Landesfläche sind mit Wald bedeckt, 17 % machen Seen, 10 % Moore und Marschland aus. Lettland besitzt 3000 Seen, von denen der Lubāns mit 81 km² der größte ist. Längster Fluss ist die Gauja (452 km), höchster Berg der Gaiziņkalns (312 m). Es gibt fünf Nationalparks, vier Naturschutzgebiete, 22 Natur- und ein Biosphärenreservat.
Bevölkerung: Von den 2,1 Mio. Einwohnern (35 Ew./km²) sind 62,1 % Letten, 26,9 % Russen und 3,3 % Weißrussen. Hauptstadt ist Riga (704 000 Ew.). Ein Drittel der Letten lebt im Großraum Riga, rund 70 % in größeren Städten. Religion spielt eine geringe Rolle; dennoch sind zwei Drittel Protestanten und gut ein Viertel Katholiken.
Wirtschaft: Im Januar 2016 lag die Arbeitslosenquote in Lettland bei 10,4 %, für das Jahr zuvor wurde ein Wirtschaftswachstum in Höhe von 2,3 % prognostiziert. Zu den wichtigsten Exportgütern zählten Maschinen und Fahrzeuge, Lebensmittel, Waren aus Holz und Vorprodukte aus Metall. Deutschland war zweitwichtigstes Lieferland und stand als Absatzmarkt an vierter Stelle.

Litauen

Staat: Lietuva (LT) bedeckt 65 300 km² (ungefähr so viel wie Bayern oder Irland), eingeteilt in zehn Landkreise (Apskritis); die Amtssprache ist Litauisch, Nationalfeiertag der 16. Februar. Die Küstenlänge beträgt lediglich 99 km.
Natur: Knapp 30 % der Landesfläche sind mit Wald bedeckt. Von den 2850 Seen ist der Drukščiai mit 45 km² der größte. Längster Fluss ist der Nemunas (475 km auf litauischem Gebiet), höchster Berg der Juozapinė (294 m). Es gibt fünf Nationalparks, 30 Regionalparks und vier Naturreservate.
Bevölkerung: Von den 3,2 Mio. Einwohnern (52 Ew./km²) sind 83,9 % Litauer, 6,6 % Polen und 5,3 % Russen. Die Hauptstadt ist Vilnius (560 000 Ew.). Ca. 70 % der Bevölkerung leben in Städten. Die Litauer sind überwiegend katholisch (80 %), Minderheiten russisch-orthodox (4,1 %), muslimisch, jüdisch oder protestantisch.
Wirtschaft: Im Januar 2016 lag die Arbeitslosenquote in Litauen bei 9 %, für dasselbe Jahr wurde ein Wirtschaftswachstum in Höhe von 2,9 % prognostiziert. Litauens Außenhandel ist stark auf den Ostseeraum ausgerichtet. Die Branchen, auf die das Land setzt, sind Maschinenbau, KFZ, Bau, Elektrotechnik, Umwelt- und Medizintechnik, Holz bzw. Möbel und Logistik.

Hoch ragt der Rigaer Rathausturm auf (oben). Rechts: Wandertour im litauischen Aukštaitija-Nationalpark

(Pelēkie Zirņi), eine vegetarische Torte mit Kartoffel- oder Karottenfüllung *(Sklandu Rauši)* oder die weichen, kleinen Hörnchen *Pīrāgi* mit Speckfüllung. Lecker schmecken auch das dunkle Brot *(Rupjmaize)* und die vielen Sauerkrautsorten *(Skābie kāposti)* auf den Märkten. Auch das lettische Bier ist eine Kostprobe wert, die bekanntesten Sorten sind *Aldaris Zelta*, *Lāčplēšis* oder *Cēsis*. Bei Hochprozentigem könnte die Wahl auf *Kristāldzidrais* oder *LB Wodka* fallen. Unbedingt probieren: Rigas *Melnais Balzams*! Er schmeckt zwar wie Hustensaft, soll aber ein Allheilmittel sein.
Litauen: Hier kommen die Speisen noch eine Spur kalorienreicher auf den Tisch. Typisch sind *Cepelinai* (mit Fleisch gefüllte Kartoffelklöße), die mit reichlich Speck-Butter-Soße serviert werden. Fleischliebhaber kommen bei *Kespnys* (Braten), *Kotletas* (Bouletten) und *Karbonada* (Schweinekoteletts) auf ihre Kosten. Als Beilage werden fast immer Kartoffeln serviert. Auch *Balandėliai* (Krautrouladen), *Kugelis* (Kartoffelpuffer) und *Suktinai* (Rouladen mit Speckfüllung) zählen nicht unbedingt zu den leichten traditionellen Speisen.

Info

Geschichte

Ab 4000 v. Chr.: Finno-ugrische Volksstämme aus dem Ural wandern ins heutige Estland und Finnland ein.
2000 v. Chr.: Indogermanen besiedeln das heutige Lettland und Litauen.
Ab 500 v. Chr.: Beginn des Bernsteinhandels mit Südeuropa.
Um 800 v. Chr.: Die Wikinger starten in Nordeuropa ihre Raubzüge.
1201: Bischof Albert (Bremen) gründet Riga.
1202: Gründung des Schwertbrüderordens.
1219: Reval (Tallinn) wird vom dänischen König Waldemar II. gegründet.
1237: Der Schwertbrüderorden geht im Deutschen Orden auf.
1323: Wilna (Vilnius) wird erstmals in Urkunden erwähnt.
1410: Das Heer des Deutschen Ordens erleidet bei Tannenberg (Polen) eine Niederlage gegen polnisch-litauische Kräfte.
1522: Die Reformation erreicht Livland und setzt sich langsam durch.
1558–1582: Livländischer Krieg, der das Ende des Ordensstaats besiegelt. Livland wird polnisch, Estland schwedisch, Kurland abhängig von Polen.
1600–1629: Polnisch-schwedischer Krieg um Livland. Für Estland und Teile Lettlands beginnt die sogenannte Schwedenzeit.
1700–1721: Nordischer Krieg. Ab 1710 beginnt die 200-jährige Zarenzeit.
1772, 1793 und 1795: Erste, Zweite und Dritte Teilung Polens. Lettgallen, Litauen und Kurland werden russisch.
1817–1820: Abschaffung der Leibeigenschaft in Estland, Kurland und Livland.
1830 und 1863: Polnische Aufstände gegen die russische Herrschaft.
1914–1918: Im Ersten Weltkrieg wird das gesamte Baltikum von deutschen Truppen besetzt. 1918 erklären sich Estland, Lettland und Litauen für unabhängig.
1918–1920: Freiheitskrieg der Balten; Friedensverträge der baltischen Staaten mit Russland. Die Region um Wilna wird polnisch.
1922: Aufnahme der baltischen Staaten in den Völkerbund.
1939: Hitler-Stalin-Pakt. Im geheimen Zusatzprotokoll werden Baltikum und Finnland der sowjetischen Interessensphäre zugeschlagen. Es folgt die Umsiedlung der Deutschbalten aus Estland und Lettland. Die Sowjetunion zwingt den baltischen Staaten Beistandspakte auf.
1940: Einmarsch sowjetischer Truppen.
1941: Deportationen nach Sibirien.
1941–1944: Deutsche Besatzung und Massenmord an der jüdischen Bevölkerung.
1945: Das Baltikum wird von Sowjettruppen besetzt, Beginn des Partisanenkampfs.
1949: Erneute Massendeportationen.
1987: Erste öffentliche Proteste gegen die Sowjetherrschaft.
1988: Gründung von Volksfronten in allen drei Staaten.
1989: Mehr als 1 Mio. Menschen bilden eine Menschenkette von Tallinn über Riga nach Vilnius, um für mehr Freiheit und Selbstbestimmung zu demonstrieren.
1991: Referenden in allen Ländern ergeben eine deutliche Mehrheit für die Unabhängigkeit von der Sowjetunion. Am 6. September Anerkennung der Unabhängigkeit der drei Staaten durch die Sowjetunion. Am 17. September Aufnahme in die Uno.
1993: Papstbesuch in Litauen.
1993–1994: Abzug der russischen Truppen aus dem Baltikum.
1998: Beginn der Beitrittsverhandlungen Estlands mit der EU.
2003: Referenden in den baltischen Staaten zum EU-Beitritt.
2004: Die baltischen Staaten werden neue Mitglieder der EU.
2005: Nach der Rücknahme der russischen Unterschrift unter den Grenzvertrag mit Estland ist der Grenzverlauf weiterhin völkerrechtlich ungeklärt.
2009: Die Wirtschaftskrise hat auch die baltischen Länder erreicht. Nach jahrelangen zweistelligen Wachstumsraten befinden sich die Volkswirtschaften in einer tiefen Rezession. Das Bruttoinlandsprodukt schrumpft, die Arbeitslosenzahlen steigen. Vilnius wird Kulturhauptstadt Europas.
2011: Trotz der gravierenden Finanz- und Wirtschaftskrise erfüllt Estland die Maastricht-Kriterien und führt Anfang des Jahres den Euro ein. Tallin wird Kulturhauptstadt Europas.
2012: Die drei baltischen Staaten beschließen als Gemeinschaftsprojekt, in der Nähe des stillgelegten Atomkraftwerks Ignalina einen Siedewasserreaktor zu errichten.
2014: Im Januar führt Lettland als 18. EU-Land den Euro ein. Als letzte der drei baltischen Hauptstädte wird in diesem Jahr nun auch Riga zur Kulturhauptstadt Europas ernannt.
2015: Anfang des Jahres führt auch Litauen, als letztes baltisches Land, den Euro ein.

Die populärsten Biere sind *Kalnapilis* und *Utenos*. Beim Wodka ist *Kvietine* eine gute Wahl. Von den drei baltischen Ländern hat Litauen das größte Likörangebot. *Krupnikas* ist ein Honiglikör, *Palanga* und *Dainava* sind aus verschiedenen Beeren gemischt. Exotischer schmecken *Midus*, *Gira* und *Kveisas*.

Geld

Währung: Die Euro-Einführung in Litauen Anfang 2015 hat das Baltikum als Gebiet der Gemeinschaftswährung komplettiert. Geldautomaten sind in allen größeren und kleineren Städten weit verbreitet, mit der Maestro-Karte (oft auch mit der Kreditkarte) kann man problemlos Geld abheben. Größere Hotels, Restaurants, Geschäfte und Tankstellen akzeptieren Kreditkarten.

Geschäftszeiten

In den Städten sind die Geschäfte meist von Mo. bis Sa. zwischen 10.00 und 19.00 Uhr geöffnet. Supermärkte und große Einkaufszentren haben längere Öffnungszeiten, auch an Sonn- und Feiertagen. Einige Lebensmittelgeschäfte sind rund um die Uhr geöffnet. Auf dem Land gelten deutlich kürzere Öffnungszeiten, hier ist auch eine Mittagspause noch durchaus üblich. Banken haben in der Regel Mo.–Fr. 9.00–17.00 Uhr geöffnet.

Gesundheit

Die medizinische Versorgung durch Ärzte und Apotheken ist in allen baltischen Staaten gut. In Apotheken sind alle bekannten Medikamente erhältlich; für verschreibungspflichtige benötigt man ein Rezept. Die Europäische Krankenversicherungskarte, erhältlich bei der heimischen Krankenversicherung, gilt als Anspruchsnachweis. Erster Ansprechpartner im Krankheitsfall ist immer ein Vertragsarzt bzw. -zahnarzt; Zuzahlungen in unterschiedlicher Höhe sind obligatorisch. Über beides informieren die deutschen Krankenkassen. Der Abschluss einer privaten Auslandskrankenversicherung ist ratsam; sie deckt nicht erstattungsfähige Kosten und den Rücktransport im Krankheitsfall ab.

Notruf

In allen baltischen Staaten ist mittlerweile die europaweite Notrufnummer 112 eingeführt.

Sport

Die dünn besiedelten baltischen Länder eignen sich hervorragend für jede Art von Aktivurlaub. **Radfahren:** Verkehrsarme Straßen ohne große Steigungen sind ideale Voraussetzungen für Ausflüge mit dem Fahrrad. Allerdings sollte man nicht zuviel Infrastruktur erwarten; ein gut beschildertes Radwegenetz und detaillierte Radwanderkarten sind erst im Aufbau. Wer sich nicht um die Organisation kümmern möchte, kann sich Spezialveranstaltern anvertrauen. Auf der Website von BalticCycle (velovilnius.lt) gibt es viele nützliche Informationen.
Wandern: Wanderer finden in den Nationalparks in der Regel die besten Voraussetzungen für Touren. In den Informationszentren der Nationalparks sind Wanderkarten und Informationen über markierte Wege erhältlich.
Wassersport: Kanutouren erfreuen sich zunehmender Beliebtheit, vor allem im lettischen Gauja-Nationalpark und im estnischen Soomaa-Nationalpark. Hier kann man Boote stunden- oder tageweise mieten oder sich geführten Kanuwanderungen anschließen. Gute Anlaufstellen sind die Touristeninformationen oder die Besucherzentren der einzelnen Parks.
Vogelbeobachtung: Störche wurden zu einer Art Markenzeichen des Baltikums. Doch es gibt noch viel mehr zu sehen, besonders dann, wenn die Zugvögel im Frühjahr und im Herbst im Memeldelta und an der estnischen Westküste vor ihrem Weiterflug nach Norden bzw. Süden rasten.
Wintersport: Relativ sichere Schneeverhältnisse machen die baltischen Länder auch im Winter interessant – vor allem für Skilangläufer. Infos bei der Tourismus Zentrale (s. Auskunft).

Sprache

Das Estnische ist eng verwandt mit dem Finnischen und hat Ähnlichkeiten mit dem Ungarischen. Lettisch und Litauisch gehören zur baltischen Gruppe der indoeuropäischen Sprachen und sind relativ eng miteinander verwandt. Für uns haben alle baltischen Sprachen eine Gemeinsamkeit: Sie sind schwer zu erlernen. Doch in allen Ländern kann man sich problemlos auf Russisch verständigen, auch wenn die Sprache der ehemaligen Besatzer nicht bei allen beliebt ist. Seit der Unabhängigkeit lernen fast alle Kinder in der Schule Englisch, manche auch Deutsch.

Telefon

Für Gespräche ins Baltikum sind Landesvorwahlen zu wählen (Estland: 00372, Lettland: 00371, Litauen: 00370). Für Telefonzellen muss man an Tankstellen oder Kiosken Telefonkarten kaufen; einige Fernsprecher funktionieren auch mit Kreditkarte. Die englischsprachige Auskunft erreicht man in Estland unter 1182, in Lettland und Litauen unter 118. Handys sind weit verbreitet; günstiger als mit deutschen Mobilfunkanbietern telefoniert man mit Prepaid-Karten, die es in Geschäften und an Kiosken gibt. Auch eine SIM-Karte mit Telefonnummer und Guthaben ist eine Alternative. In Estland und Lettland ist die Vorwahl bereits in der Telefonnummer enthalten, eine „0" muss daher nicht mehr vorgewählt werden. In Litauen muss man vor Ferngesprächen im Inland eine „8" wählen.

Unterkunft

Camping: Eine lange Liste von Campingplätzen in den baltischen Ländern findet man auf der Website der Tourismuszentrale. Zur Sowjetzeit waren die meisten Campingplätze nur sehr

Kitesurfer am Strand von Pāvilosta (Paulshafen), einer im Westen Lettlands zwischen Liepāja und Ventspils an der Mündung des Saka in die Ostsee gelegenen Kleinstadt

einfach ausgestattet; doch eine ganze Reihe davon genügt noch bis heute auch höheren Komfortansprüchen – und es werden jedes Jahr mehr. Auf vielen Plätzen kann man kleine Hütten mieten, die älteren sehr einfach, die neuen in der Regel mit gewohntem Standard. Auch auf Bauernhöfen ist Zelten in der Regel nach Absprache mit dem Besitzer möglich. Außerhalb der Nationalparks wird freies Campen toleriert, bei den niedrigen Campingplatzgebühren ist dies allerdings wenig sinnvoll, und aus Naturschutzgründen sollte man darauf verzichten.
In den Nationalparks gibt es meist Naturcampingplätze – oft handelt es sich dabei um eine einfache Wiese im Wald oder an einem Seeufer wildromantisch und einsam gelegen, aber auch nur mit Wasserhahn und Toilettenhäuschen versehen.
Jugendherbergen: Eine Übersicht über die Jugendherbergen geben die Verbände der einzelnen Länder. Unter der internationalen Adresse www.hihostels.com findet man auch alle baltischen Jugendherbergen.
Hotels: Auf dem Hotelsektor hat sich seit der Unabhängigkeit am meisten getan. Das Angebot unterscheidet sich mittlerweile – auch im Preis – kaum noch von dem in Westeuropa. Auf dem Land hat man weniger Auswahl, aber auch dort findet man ansprechende Hotels. Unbedingt empfehlenswert ist ein Aufenthalt in einem der Schlösser und Gutshöfe, zunehmend renoviert und in Hotels umgewandelt (siehe dazu unser Ranking auf den Seiten 18/19). Eine Zusammenstellung einiger Gutshöfe und Schlösser in Estland und Lettland ist auch auf der Website www.celotajs.lv zu finden.
Privatunterkünfte: Unter dem Motto „Urlaub auf dem Land“ kann man in allen Ländern privat übernachten. Das Angebot reicht von Zimmern in kleinen Gasthöfen bis zu Ferienwohnungen oder Hütten auf Bauernhöfen. Meist hat man Familienanschluss und bekommt hausgemachtes Essen. Freizeitaktivitäten wie Reiten, Angeln oder Kanufahren können von den Gastgebern organisiert werden. Auch eine Sauna gehört meist dazu. Die Höfe, oft abseits, sind manchmal nicht ganz leicht zu finden, und eine Verständigung auf Deutsch oder Englisch ist auch nicht immer ganz ohne Probleme. So vielfältig wie die Angebote ist auch der Standard der Unterkünfte.
Urlaub auf dem Land: in Estland www.maaturism.ee, in Lettland www.celotajs.lv, in Litauen www.atostogoskaime.lt/en

Wetter

Das Klima im Baltikum ist kontinental geprägt mit größeren Temperaturunterschieden zwischen Sommer und Winter. Gerade im Landesinnern können die Winter recht kalt werden. An der Küste bleibt dagegen der maritime Einfluss spürbar. Die Hauptreisezeit ist kurz und dauert von Juni bis September. Nur die Hauptstädte werden als Ganzjahresziele genutzt. Der Frühling zieht im Baltikum wegen der nördlicheren Lage etwas später ein als bei uns, und im September kann man speziell in Estland schon mit einer Herbstfärbung der Wälder rechnen. Die Sommer können warm und sonnig sein, doch auch auf kühle, regnerische Tage sollte man sich einstellen. Die sommerlichen Tagestemperaturen liegen in der Regel zwischen 20 °C und 30 °C. Das Klima hat viel Ähnlichkeit mit dem im südlichen Skandinavien. Genau wie dort wird es in Estland zur Sommersonnwende kaum noch dunkel, und selbst in Litauen sind die Tage noch länger als bei uns. Nach längeren Sonnenscheinperioden können flache Küstengewässer und Binnenseen eine durchaus angenehme Badetemperatur erreichen. Aktuelle Wetterprognosen und Klimainformationen für das Baltikum finden Sie auf www.wetter.com/wetter_aktuell/baltikum/EU.html

Zeit

Die Differenz beträgt in allen Ländern +1 Stunde. Auf Sommerzeit wird wie in Deutschland umgestellt.

Register

Fette Ziffern verweisen auf Abbildungen

A
Aglona 77
Alexander-Newski-Kathedrale **24**, 31
Aukštaitija-Nationalpark **106/107**, **107**, 115, **118**

B/C
Bernhardinerkirche (Vilnius) **98**
Cēsis **68/69**, 73, 75, 77, 81
Christi-Geburt-Kathedrale (Riga) 67

D
Dominikanerkirche (Vilnius) 98
Domkirche (Haapsalu) 49
Domkirche (Tallinn) 25, **31**
Domkirche (Tartu) 48
Dom St. Marien (Riga) 66
Drei Brüder (Riga) 32, 65
Drei Schwestern (Tallinn) **22**, 32, 65
Druskininkai 44, **45**, **114**, 115
Dzūkija-Nationalpark 115

E/F
Estnisches Kunstmuseum (Tallinn) **26**, 32
Freiheitsdenkmal (Riga) 28, **56**, 57, 65, 67

G
Gauja-Nationalpark **12/13**, **70**, 73, 78, 81, 82, 83, 119
Gediminas-Turm (Vilnius) 85, 87, 97
Gediminas-Prospekt (Vilnius) **86**, 87, 89
Geschichtsmuseum (Riga) 66

H
Haapsalu 44, 49
Heiliggeistkirche (Tallinn) **31**, 33
Heiliggeistkirche (Vilnius) 98

J
Jakobikirche (Riga) 65, 66
Jelgava 73, **77**, **82**, 82
Johanneskirche (Vilnius) **88**, **97**
Juodkrantė 103, 114, **115**
Jūrmala 44, **45**, 75, 81

K
Käsmu **40**, **42/43**, 43, 47
Kathedrale (Kaunas) 114
Kathedrale St. Stanislaus (Vilnius) **84/85**, 87, 89, 97
Katzenhaus (Riga) 65
Kaunas 29, **104**, **104/105**, 114, **114**
KGB-Museum (Vilnius) 98
Kiek in de Kök, Wehrturm (Tallinn) **31**, 31, 32
Kirche St. Annen (Vilnius) **86**, 97, **98**
Klaipėda 103, 107, **108**, **109**, 113, 115
Kriegsmuseum (Riga) 65, 66
Krišjānis Barona Museum (Riga) 66
Kuldīga **75**, **76**, 82
Kuremäe, Kloster **43**
Kuressaare **39**, 41, 44, **48**, 49
Kurische Nehrung **100/101**, 103, 105, 113, **115**

L
Lahemaa-Nationalpark 43, 47, 78
Liepāja 73, **74**, 82

M
Marcinkonys **108**, 115
Mentzendorffhaus (Riga) 65
Mežotne, Schloss **19**, 78
Minija **8/9**, 113
Motormuseum (Riga) 66

N
Narva 41, 43, 44, 47
Nationalmuseum (Vilnius) 98
Nationaloper (Riga) **66**, 67, 116
Nida (Nidden) **102**, 103, 107, 113, 114, 115
Nikolaikirche (Tallinn) 32

O
Okkupationismuseum (Riga) 66
Okkupationsmuseum (Tallinn) 32
Olaikirche (Tallinn) 32
Otepää 37, 47, 48

P
Palanga 94, 113, 115
Palmse, Gut 43, 47, **78**, **79**
Paneriai, Gedenkstätte 99
Pape-See 73, 82
Pärnu 18, **36**, **37**, 39, 44, 48
Petrikirche (Riga) 53, 66
Pirita, Kloster 33
Pulverturm (Riga) 65, 66

R
Riga **14/15**, 28, 29, **50–67**,
Rundāle, Schloss 73, **77**, 82

S
Saaremaa **38**, **39**, 41, 44, 49
Salaspils, Gedenkstätte 53, 67
Schwarzhäupterhaus (Riga) 51, **57**, 59, 65
Schwarzhäupterhaus (Tallinn) 32
Schwedentor (Riga) **54**, 65
Sigulda 82, 83
Synagoge (Vilnius) 98

T
Tallinn **20–33**, 37, 43, 65, 89, **116**, **117**, 118
Tartu 40, **41**, 47, 48
Tor der Morgenröte (Vilnius) 85, **88**, 97
Trakai, Burg **104/105**, 105, 115
Turaida, Museumsreservat 82

U/V
Universität (Tartu) **41**, **48**
Universität (Vilnius) **97**
Užupis, Republik **99**
Ventspils 73, 83, **119**
Vihula 18, 43, 47
Viki, museales Dorf 49
Vilnius **10/11**, 29, **84–99**, 107, 116, 117, 118

Impressum

4. Auflage 2017

Verlag: DuMont Reiseverlag, Postfach 3151, 73751 Ostfildern, Tel. 0711/4502-0, Fax 0711/4502-135, www.dumontreise.de
Geschäftsführer: Dr. Thomas Brinkmann, Dr. Stephanie Mair-Huydts
Programmleitung: Birgit Borowski
Redaktion: Robert Fischer (www.vrb-muenchen.de)
Text: Dr. Christian Nowak
Exklusiv-Fotografie: Peter Hirth
Titelbild: Freilichtmuseum in Riga (Peter Hirth/laif)
Zusätzliches Bildmaterial: S. 4 l. mauritius images/Alamy, 4 r.o. mauritius images/Alamy, 4 r.u. Kay Maeritz, 5 laif/Tobias Gerber, 7 (Nr. 2) Nowak, 7 (Nr. 5) mauritius images/Alamy, 7 (Nr. 11) Mauritius/Mehlig, 8/9 Franz Marc Frei/ LOOK-foto, 10/11 Pierre Jacques/hemis.fr/laif, 16/17 Huber/R. Schmid, 18 l. Peter Hirth/ laif, 18 r. Pädaste Mois, 19 l.o./r.u. Peter Hirth/laif, 19 l.u. Peter Hirth, 19 r.u. Dikļi Palace, 20/21 mauritius images/Alamy, 22 o.l. Kay Maeritz, 23 Kay Maeritz, 26 o. Kay Maeritz, 26 l.u. look/age fotostock, 27 Kay Maeritz, 28 Peter Hirth, 29 l.o. Preben S. Kristensen/laif, 29 r.o. mauritius images/Eddie Gerald/ Alamy, 29 l.u. Getty Images/Lonely Planet, 29 r.u. Getty Images/Izzet Keribar, 33 u. Kay Maeritz, 34/35 mauritius images/Alamy, 36/37 o. Huber/Mehlig, 44 huber-images.de/ Huber Hans-Peter, 45 l. huber-images.de/Cellai Stefano, 45 r.u. mauritius images/ ARISTIDIS VAFEIADAKIS/Alamy, 45 r.o. laif/Kristensen, 48 r.u. Spaces Images/ LOOK-foto, 49 u. laif/Babovic, 49 Mitte l. Kay Maeritz, 49 Mitte r. mauritius images/Alamy, 50/51 mauritius images/Alamy, 52 (4) mauritius images/Alamy, 54/55 mauritius images/Alamy, 57 l. mauritius images/Alamy, 57 r. mauritius images/Alamy, 58/59 Nowak, 60 laif/Wojtek Buss/Tmn/Hoa-qui, 61 Nowak, 67 o. mauritius images/Alamy, 67 Mitte Nowak, 67 u. mauritius images/Alamy, 73 (Special) Nowak, 75 Nowak, 78 Kay Maeritz, 79 l. Kay Maeritz, 79 r. Nowak, 83 r.u. mauritius images/Alamy, 84/85 mauritius images/Alamy, 86 l.u. laif/Jonkmanns, 86 r.u. mauritius images/Alamy, 87 r. mauritius images/Alamy, 88 l.o. laif/hemis/ Maurizio Borgese, 88 r.o. laif/Zenit/Jan-Peter Boening, 88 r.u. mauritius images/ Alamy, 89 laif/hemis/Franck Guiziou, 90 laif/Jonkmanns, 90/91 laif/Jonkmanns, 92 transit/Peter Hirth, 93 laif/hemis, 94 mauritius images/Alamy, 95 laif/Zenit/Jan-Peter Boening, 98 r.o. Nowak, 99 r.o. mauritius images/Alamy, 99 u. laif/Andreas Hub, 100/101 laif/Tobias Gerber, 102/103 o. laif/Babovic, 102 u. Th. Stankiewicz, 103 u. Nowak, 104 u. laif/Eisermann, 104/105 Mauritius/Mehlig, 108 u. look/Franz Marc Frei, 109 r.o. look/Franz Marc Frei, 110/111 (3) Hackenberg, 115 u. laif/ Jonkmanns, 116 u. Ingolf Pompe / LOOK-foto, 117 Nowak
Vektorgrafiken: Dover Publications (28 o), iStock (49 o, 83 o) shutterstock (5 u/ 115 o, 18 o,), shutterstock/portumen (44 o)
Grafische Konzeption, Art Direktion: fpm factor product münchen
Cover Gestaltung: Neue Gestaltung, Berlin
Kartografie: © MAIRDUMONT GmbH & Co. KG, Ostfildern
Kartografie Lawall (Karten für „Unsere Favoriten")
DuMont Bildarchiv: Marco-Polo-Straße 1, 73760 Ostfildern, Tel. 0711 4502-266, Fax 0711 4502-1006, bildarchiv@mairdumont.com

Anzeigenvermarktung: MAIRDUMONT MEDIA, Tel. 0711 450 20, Fax 0711 45 02 10 12, media@mairdumont.com, http://media.mairdumont.com
Vertrieb Zeitschriftenhandel: PARTNER Medienservices GmbH, Postfach 810420, 70521 Stuttgart, Tel. 0711 72 52-212, Fax 0711 72 52-320
Vertrieb Abonnement: Leserservice DuMont Bildatlas, Zenit Pressevertrieb GmbH, Postfach 810640, 70523 Stuttgart, Tel. 0711 7252-265, Fax 0711 7252-333, dumontreise@zenit-presse.de
Vertrieb Buchhandel und Einzelhefte: MAIRDUMONT GmbH & Co. KG, Marco-Polo-Straße 1, 73760 Ostfildern, Tel. 0711 45 02 0, Fax 0711 45 02 340
Reproduktionen: PPP Pre Print Partner GmbH & Co. KG, Köln
Druck und buchbinderische Verarbeitung: NEEF + STUMME premium printing GmbH & Co. KG, Wittingen, Printed in Germany

Berlin

Große Kunst
Erwartet Sie in den Berliner Museen, nicht nur in jenen fünf, die auf der Museumsinsel liegen und von der UNESCO zum Welterbe gekürt wurden.

Wo sich die Szene trifft
Prenzlauer Berg, Kreuzberg, Friedrichshain und Neukölln – wir verraten Ihnen, welche Clubs und Bars gerade angesagt sind.

Norwegen
Süden

Nordischer Glanz
Oslo – die kleinste Kapitale Skandinaviens – hat sich soeben mit moderner Architektur und viel Kunst neu erfunden.

Norwegen komprimiert
Bergen ist idealer Ausgangspunkt für kurze Touren mit Zug, Bus oder Boot ins Umland, wir stellen Ihnen die schönsten vor.

www.dumontreise.de

Lieferbare Ausgaben

DEUTSCHLAND
119 Allgäu
092 Altmühltal
105 Bayerischer Wald
180 Berlin
162 Bodensee
121 Brandenburg
175 Chiemgau, Berchtesg. Land
013 Dresden, Sächs. Schweiz
152 Eifel, Aachen
157 Elbe und Weser, Bremen
125 Erzgebirge, Vogtland
168 Franken
020 Frankfurt, Rhein-Main
059 Fränkische Schweiz
112 Freiburg, Basel, Colmar
028 Hamburg
026 Hannover zw. Harz u. Heide
042 Harz
062 Hunsrück, Naheland, Rheinhessen
023 Leipzig, Halle, Magdeburg
131 Lüneburger Heide, Wendland
133 Mecklenburgische Seen
038 Mecklenburg-Vorpommern
033 Mosel
114 München
047 Münsterland
015 Nordseeküste Schleswig-Holstein
006 Oberbayern
161 Odenwald, Heidelberg
035 Osnabrücker Land, Emsland
002 Ostfriesland, Oldenb. Land
164 Ostseeküste Mecklenburg-Vorpommern
154 Ostseeküste Schleswig-Holstein
136 Pfalz
040 Rhein zw. Köln und Mainz
079 Rhön
116 Rügen, Usedom, Hiddensee
137 Ruhrgebiet
149 Saarland
080 Sachsen
081 Sachsen-Anhalt
117 Sauerland, Siegerland
159 Schwarzwald Norden
045 Schwarzwald Süden
018 Spreewald, Lausitz
008 Stuttgart, Schwäbische Alb
141 Sylt, Amrum, Föhr
142 Teutoburger Wald
170 Thüringen
037 Weserbergland
173 Wiesbaden, Rheingau

BENELUX
156 Amsterdam
011 Flandern, Brüssel
179 Niederlande

FRANKREICH
177 Bretagne
021 Côte d'Azur
032 Elsass
009 Frankreich Süden Languedoc-Roussillon
019 Korsika
071 Normandie
001 Paris
115 Provence

GROSSBRITANNIEN/IRLAND
063 Irland
130 London
138 Schottland
030 Südengland

ITALIEN/MALTA/KROATIEN
017 Gardasee, Trentino
110 Golf von Neapel, Kampanien
163 Istrien, Kvarner Bucht
128 Italien, Norden
005 Kroatische Adriaküste
167 Malta
155 Oberitalienische Seen
158 Piemont, Turin
014 Rom
165 Sardinien
003 Sizilien
140 Südtirol
039 Toskana
091 Venedig, Venetien

GRIECHENLAND/ ZYPERN/TÜRKEI
034 Istanbul
016 Kreta
176 Türkische Südküste, Antalya
148 Zypern

MITTEL- UND OSTEUROPA
104 Baltikum
122 Bulgarien
094 Danzig, Ostsee, Masuren
169 Krakau, Breslau, Polen Süden
044 Prag
085 St. Petersburg
145 Tschechien
146 Ungarn

ÖSTERREICH/SCHWEIZ
129 Kärnten
004 Salzburger Land
139 Schweiz
144 Tirol
147 Wien

SPANIEN/PORTUGAL
043 Algarve
093 Andalusien
150 Barcelona
108 Costa Brava
025 Gran Canaria, Fuerteventura, Lanzarote
172 Kanarische Inseln
124 Madeira
174 Mallorca
007 Spanien Norden, Jakobsweg
118 Teneriffa, La Palma, La Gomera , El Hierro

SKANDINAVIEN/NORDEUROPA
166 Dänemark
153 Hurtigruten
029 Island
099 Norwegen Norden
178 Norwegen Süden
151 Schweden Süden, Stockholm

LÄNDERÜBERGREIFENDE BÄNDE
123 Donau – Von der Quelle bis zur Mündung
112 Freiburg, Basel, Colmar

AUSSEREUROPÄISCHE ZIELE
010 Ägypten
053 Australien Osten, Sydney
109 Australien Süden, Westen
107 China
024 Dubai, Abu Dhabi, VAE
160 Florida
036 Indien
027 Israel
111 Kalifornien
031 Kanada Osten
064 Kanada Westen
171 Kuba
022 Namibia
068 Neuseeland
041 New York
048 Südafrika
012 Thailand
046 Vietnam